동반 성장을 향한
다문화멘토링

경기대학교다문화교육센터 다문화총서 2

동반 성장을 향한 다문화멘토링

김연권·손녕희 지음

고요아침

| 머리말 |

"다문화라는 말을 들을 때 어떤 생각이 제일 먼저 떠오르십니까?" 다문화 관련 강의를 시작할 때마다 청중들에게 이러한 질문을 던지곤 한다. 청중들은 대체로 교사, 학생, 시민, 공무원 등 다양한 연령대와 직업군인데, 그들의 대답은 대체로 한결같다. 제일 많이 등장하는 대답은 외국인, 외국인 노동자, 국제결혼 여성, 동남아시아 등등이다. 특이한 것은 같은 외국이라 하더라도 서양인이나 백인, 그리고 유학생 등은 그다지 언급되지 않는다. 그러니까 우리나라에서 일반적으로 다문화는 이주노동과 결혼이주와 관련된 동남아시아로 대표되는 이주민 집단을 표상하는 말로 환원되는 경향이 있다.

그렇다면 '다문화'란 무엇인가? 다문화는 말 그대로 영어의 multi-cultural의 번역어로서 '다양한 문화'가 공존하는 그 무엇, 그러니까 아주 단순히 생각하자면 다문화 사회(multicultural society)란 다양한 문화가 공존하는 사회이고, 다문화 교육(multicultural education)은 다양한 문화의 상호 존중과 소통을 지향하는 교육이라고 할 수 있다. 그런데 우리나라에서는 왜 '다문화'가 곧 외국인, 그것도 노동 이민과 결혼 이민으로 대표되는 동남아시아 사람과 그 가족을 지칭하는 용어로 우리의 뇌리 속에 각인되게 되었는가?

한국 사회에서 '다문화'라는 용어는 2000년대 중반부터 폭넓게 사용되기 시작하였다. 특히 '다문화 가족 자녀'라는 복잡하고 낯설지만 지금은 친숙하게 사용되고 있는 용어는 과거의 '혼혈'이나 '튀기' 등 매우 부정적 뉘앙스가 배어 있는 낡은 용어를 대체하기 위해, 또한 21세기 초반기에 만들어진 '코시안' 혹은 '온누리안' 등 이상한 신조어를 대체하기 위해 고육지책으로 만들어낸 용어이다. '다문화 가족 자녀'란 용어는 혼혈이나 튀기 혹은 코시안이

나 온누리안과 같은 용어가 지니고 있는 핏줄의 부정적 함의를 지우고 문화라는 긍정적 용어로 포장한 셈이다.

다문화 가족 자녀라는 용어가 등장하면서 동시에 '다문화 가족'이라는 용어도 폭넓게 사용되기 시작했다. 그런데 2006년에 제정된 다문화가족 지원법이 다문화 가족을 국제결혼가족을 대체하는 용어로 사용되기 시작하면서 다문화라는 용어의 본래적 의미가 급격하게 변질되기 시작했다. 즉 다문화는 다양한 문화가 공존하는 그 무엇이라기보다는 우리 사회를 다문화화 시키는 인적 요인으로 규정하기 시작한 것이다. 그러기에 다문화 가족이라는 말을 넘어서서 다문화 아동, 다문화 학생, 다문화 청소년, 다문화인이라는 잘못된 합성어들을 무분별하게 사용하기에 이르렀다.

더구나 정부나 공공기관에서조차 아무런 성찰 없이 이러한 잘못된 관행을 저지르고 있다. 예컨대 교육부는 다문화교육지원책 보도 자료를 통해 '다문화 학생'이 우리 사회의 인재로 성장할 수 있도록 지원하겠다고 발표한다. 그러나 다문화라는 관형어를 어느 특정 개인이나 집단에게 붙이는 것은 결코 온당한 일이 아니다. 한국 사회에 다문화 현상을 야기한 외국인들은 우리 사회의 다문화화를 야기한 중요한 요인이지만, 이들 이주자들을 '다문화인'이라고 지칭할 수 없기 때문이다.

우리가 이주 외국인들을 '다문화인'으로 부르는 것은 그들을 우리 사회에서 함께 살아갈 존재로 여기기보다는 우리와는 영원히 섞일 수 없는 배제하고 타자화된 존재라는 잠재된 집단의식을 드러내는 것이다. 즉 우리 사회 속에 다양한 문화와 다양한 인종이 더불어 살아가는 사회를 지향하는 것이 아니라, 주류인 우리 밖에서 우리와는 다른 언제나 이방인인 그들 다문화인(다문화 여성, 다문화 학생, 다문화 청소년)들을 어떻게 다룰 것인가에 관심이 모아진 결과이다.

현재 우리나라에서 진행되고 있는 대부분의 다문화 교육 프로그램 역시 안타깝게도 이러한 〈우리/그들〉이라는 이분법적 구도를 벗어나고 있지 못하는 실정이다. 다문화 교육은 학생들이 다양한 문화의 상호 존중과 소통을 지향하는 교육이라고 할 수 있다. 그런데 지난 10여 년 간 일반학생들을 대상으로는 '다문화 이해교육'이라는 이름으로 과거의 국제이해교육의 수준을 크게 벗어나지 못하고 그저 문화의 다양성 이해라는 차원에 초점이 맞추어졌고, 다문화가정 학생과 이주자들을 대상으로는 대체로 한국어 교육에 초점을 맞추어 왔다.

다행히 대학생과 다문화가정 학생과의 멘토링 프로그램은 다문화를 둘러싼 우리 사회의 고질적인 〈우리/그들〉의 이분법적 구도를 넘어서서, 멘토링 활동을 통해 서로 감정적으로 소통하고 서로의 차이를 배우면서 인격적으로 성장하고 발전하는 매우 바람직한 다문화교육의 모델을 제시해주고 있다. 이 책의 2부를 읽어 보면 확인할 수 있듯이, 다문화멘토링은 단순히 멘토가 멘티에게 교사-학생의 위계적이고 일방적 관계 속에 학습만을 하는 것만이 아니다. 멘토는 멘티의 선생님이자 형과 누나가 되어 다문화가정 자녀의 학습을 도와 줄 뿐만 아니라 상담자 혹은 친구로서 멘티의 아픔을 공감하면서 세상을 바라보는 지평도 넓어지고 내적으로 성장하는 감동을 체험하고 있다. 바로 이 점에서 이 다문화멘토링 프로그램은 대학생 멘토와 다문화가정 학생 멘티가 상호 소통과 이해를 통해 동반 성장을 이룩하는 진정한 다문화교육의 한 전형이라고 평가할 수 있다.

이 책은 2부로 구성되어 있다. I부는 다문화멘토링의 배경과 개념, 그리고 그동안 다문화멘토링이 어떻게 진행되어 왔는지 현황을 보여주고, 동반 성장을 향한 다문화멘토링의 모형이 어떻게 정립되었는지 보여준다. 또한 현재 진행되고 있는 다문화멘토링의 효과와 다문화 교육 현장에서의 한계가 무엇인지 밝히고, 다문화멘토링이 더욱 활성화되기 위한 구체적인 방안들을 제시하고 있다. II부는 다문화멘토링을 체험한 멘토와 멘티의 성장 수기를 담고 있다. 이 수기들은 지난 몇 년 동안 경기도에서 다문화멘토링에 참여한 멘토와 멘티 수기 공모전에서 입상한 우수한 수기를 거의 그대로 가감 없이 수록한 것이다.

다문화멘토링 사업을 운영한 담당자는 "힘들고 지치고 일이 많지만 끝나고 나면 말 할 수 없는 보람이 있다. 그래서 멘토링 사업은 마약 같다."라고 술회한다. 멘토들 역시 한결같이 다음과 같이 말한다. "멘토링을 하면서 나 또한 많은 것을 배우고 성장할 수 있었다."거나 "다문화가정에 대한 선입견과 편견을 없앨 수 있었다." 다른 멘토는 "한 아이의 성장을 도와주는 일이라고 생각했지만 나 역시 지금 함께 성장하고 있다는 사실을 깨달았다."고 말한다. 멘티 역시 대체로 다음과 같이 말한다. "이해력이 부족한 저에게 체육선생님도 되어주고, 보충선생님도 되어주셔서 감사합니다." 혹은 "고민 상담을 통해 친구들과 사이가 더 좋아졌다. 항상 배려해 주시고 챙겨주시는 모습에 감사하며 선생님의 좋은 점들을 더 많이 닮고 배우고 싶다." 다문화멘토링에 관심이 있는 독자들은 이들의 생생한 경험담을 통해 다문화 교육이 나아가야 할 방향을 확인할 수 있으리라 기대한다.

  이 책이 나오기까지는 많은 분들의 도움이 있었다. 우선 오랫동안 동반성장 다문화멘토링의 모형 개발과 멘토링 현장에서 탁월한 역량을 발휘한 손녕희 박사의 공이 제일 크다. 또한 멘토링 활동에 적극적으로 참여하고 감동적인 체험담을 수기로 공들여 작성한 학생들에게도 특별한 감사의 말씀을 드린다. 아울러 멘토링 프로그램의 재정적·행정적 지원을 아끼지 않은 한국장학재단, 경기도교육청, 일선 학교 선생님들에게도 감사의 말씀을 드리며 앞으로도 다문화멘토링에 각별한 관심과 지원을 부탁드린다.

2019년 2월

김연권

| 차례 |

머리말　　05

제 I 부 다문화멘토링의 이론적 배경

1. 다문화멘토링의 배경　　12
2. 다문화멘토링의 이해　　18
3. 다문화멘토링 정책 및 현황　　27
4. 대학생을 활용한 다문화멘토링 주요 내용　　34
5. 대학생 다문화멘토링 운영의 실제　　39
6. 동반성장을 향한 다문화멘토링의 방법과 모형　　60
※ 참고문헌　　86

제 II부 멘토-멘티 동반성장 이야기

1. 어서와, 멘토링은 처음이지　　92
2. 편견을 극복하고 성숙해진 멘토의 성장 이야기　　116
3. 마음을 열고 행복을 찾은 멘티의 성장이야기　　199

제Ⅰ부

다문화멘토링의 이론적 배경

1. 다문화멘토링의 배경
2. 다문화멘토링의 이해
3. 다문화멘토링의 정책과 현황
4. 대학생 다문화멘토링의 주요 내용
5. 대학생 다문화멘토링 운영의 실제
6. 동반성장을 위한 다문화멘토링의 방법과 모형

※ 참고문헌

1. 다문화멘토링의 배경

　이주는 21세기의 전형적인 트렌드이다. OECD 통계에 의하면 75억 세계 인구의 3%에 조금 못 미치는 약 1억 9천 만 명이 자신이 태어난 나라를 떠나서 외국에서 삶의 둥지를 틀면서 살고 있다. 오랜 동안 단일민족 국가로 알려졌던 우리나라 역시 이주의 세계적 추세와 더불어 국내의 인구 구조와 산업구조 때문에 점차로 이주민의 국내 유입이 지속적으로 증가하고 있다. 우리 사회 속에 이주민의 유입은 특히 1990년부터 급증하기 시작하여 2018년 4월 외국 이주민 수는 2,128,404명에 이르고 있다. 국내 총 인구의 약 4%에 해당되니 세계 평균을 조금 넘는 수치이다. 호주, 캐나다, 스위스처럼 이민자 비중이 20%를 넘어서는 나라에 비하면 우리 사회 속의 이주민 비율은 아직은 미미한 수준이라고 평가할 수 있다.
　그러나 우리 사회의 많은 영역에 있어서의 변화가 그렇듯이, 이주민 유입에 있어서도 변화의 빠른 속도에 주목할 필요가 있다. 한 세대 만에 세계에서 최고 초저출산국과 초고령사회로 변모하고 있듯이, 단일민족 국가로 여겨졌던 우리 사회가 숨 가쁘게 다문화 사회 속으로 진입하고 있는 점을 눈여겨보아야 한다. 국내 체류 외국인 수는 21세기 초에는 49만 명이었는데 2007년에 100만 명을 돌파했고 다시 9년 만에 200만 명을 넘어선 것이다. 이처럼 매년 8% 씩 증가하는 체류외국인 추세는 OECD 평균인 5.7%를 크게 웃도는 것이다. 이처럼 국내 체류 외국인이 연 평균 8%씩 지속적으로 증가하는 것을 전제로 할 경우 2021년에는 300만 명을 넘어서 전체 인구의 6%를 차지할 것이고, 2030년에는 500만 명을 넘어서서 우리 사회는 전체 인구의 10%를 넘는 본격적인 다문화 사회로 변모할 것이다.

국내 체류 외국인은 취업 이민자, 결혼이민자, 외국인 유학생 순으로 많은데, 국적별로 보면 절반은 중국인이다. 특히 2007년부터 방문 취업제가 시행되면서 재중동포의 국내 체류가 급속히 증가했다. 그런데 최근 몇 년 동안은 베트남 출신의 이주자가 급속하게 증가하는 경향이 돋보이며, 태국과 필리핀 출신들의 비중도 지속적으로 늘고 있는 반면, 상대적으로 미국, 일본, 대만 출신의 비중은 줄어들고 있다.

국내 체류 외국인 수의 증가에 따라 자연스럽게 그들의 자녀의 교육 문제 역시 중요한 사회적 이슈로 부각되고 있다. 우리 사회의 새로운 구성원인 국제결혼가정, 외국인근로자가정, 북한이탈주민가정 등 다문화가정의 증가는 자연스럽게 다문화가정 학생들의 증가로 이어지고 있다. 교육부에 따르면 2018년 4월 기준으로 다문화가정 학생 수는 총 12만 2186명으로 2013년에 비해 23,825명 증가한 것으로 나타났다. 전체 학생 대비 다문화가정 학생이 약 2%로 비율로는 아직 미미한 편이지만 2006년의 9,389명에 비해 약 13배의 증가세를 보인 것이다. 더구나 현재 우리나라의 일반 학령인구(초·중·고)는 매년 20만 명 씩 가파르게 감소하고 있는 반면, 다문화가정 학생 수는 매년 약 8,000~10,000명 정도의 지속적인 증가 추세를 보이고 있다는 점을 주목할 필요가 있다. 향후 공교육 진입을 기다리는 미취학 아동들이 연쇄적인 파도처럼 순차적으로 학교 안으로 거세게 밀려들어올 경우, 학교에서 다문화가정 학생들의 비율은 폭발적으로 늘어날 것으로 전망된다. 그러나 민족·인종, 타문화에 대해 여전히 배타적이고 차별적인 우리의 낮은 다문화 감수성 때문에 이들이 우리 학교나 사회의 당당한 구성원으로 살아가는 일이 쉽지 않다는 점이 우리 사회가 당면한 큰 문제이다.

다문화가정 학생들의 대부분은 국제결혼 가정의 자녀들이다. 이들은 외국인 노동자 자녀나 중도입국 학생보다는 한국어 의사소통능력이나 학업능력에 있어서 크게 어려움이 없다. 그러나 일부 국제결혼 가정의 경우에는 배우자와의 나이 차이가 많이 벌어지고 남편이 늦은 나이에 결혼하여 아이들이 성장을 하게 되면 아버지들의 경제력이 현저히 떨어진다. 이에 자녀를 양육하기 위해 엄마도 경제활동을 해야 하는 상황이 벌어지면서 아이들의 양육에 어려움을 겪는다. 또한 결혼과 동시에 임신으로 이어져 제대로 한국어를 익히지 못한 상태에서 아이를 출산하고 양육하다보니 한국어 수준이 오히려 자녀들 보다 떨어지는 경우도 많이 발생하게 된다.

이에 교육부를 비롯하여 정부의 여러 부처에서 다문화가정과 그 자녀들을 지원하기 위한 다양한 정책을 펼치고 있다. 교육부는 다문화가정 학생들의 긍정적인 발달과 성장을 촉진하고, 다문화가정 학생과 일반학생들과의 격차를 줄이고, 이들이 학교와 사회에서 소외되거나 탈락하지 않도록 2006년부터 다양한 다문화교육 정책을 펴고 있다. 다문화교육은 다수의 일반학생을 대상으로 하는 '다문화이해 교육'과 소수자인 다문화가정 학생의 학업·정서적·상담을 지원하는 '멘토링'으로 크게 나누어 볼 수 있는데 '다문화멘토링'은 후자에 해당한다.

이처럼 '다문화멘토링'은 급증하는 다문화가정 학생들의 교육문제가 대두되자 교육부가 학습결손 방지와 학교 적응 등을 지원하기 위해 2006년 처음으로 국가 차원에서 '다문화가정 자녀 교육지원 대책'을 마련하여 '대학생 멘토링'의 대상을 다문화가정 자녀에게 확대 실시하면서 시작되었다. 그 후 2009~2010년 교육대학 및 사범대학교에서 시범 실시 후 2011년부터 전국대학으로 확대 되었다. 현재는 대학생 멘토에게 교통비 및 교재비 등 활동비를 지급하기 위해 국가근로장학금과 연계되면서 교육부의 위탁을 받은 한국장학재단이 사업을 수행해 오고 있다.

다문화가정 학생들을 지원하기 위한 지원정책들이 많이 쏟아지고 있으나 각 부처들간의 중복지원 문제와 내용의 정형화·획일화에 대한 비판에서 벗어나기는 어렵다. 교육부를 비롯한 정부의 각 부처에서 다문화가정 학생들에게 맞춤형 교육을 지원한다는 정책을 표방하고 있지만 현실은 한국어 및 한국문화적응과 관련된 지원책으로 다문화멘토링이 필요한 학생들에 대한 수요조차도 파악하지 못하고 있는 실정이다(교육부, 2018).

2018년 한국장학재단에서 발표한 다문화멘토링 관련 내용을 살펴보면, 대학생들에게 장학금을 지급할 수 있는 예산에 맞혀 4,000명의 멘토를 기준으로 멘토링 사업을 실시한다고 하였다. 이러한 수치는 2018년 기준으로 전국에 있는 다문화가정 학생 122,212명 학생 중에서 약 3.3%의 다문화가정 학생들만 멘토링 활동에 참여할 수 있다는 한계를 지니고 있다. 학교에 재학하고 있는 모든 다문화가정 학생들이 멘토링 활동에 참여할 이유는 없다. 학업이나, 또래 친구 관계 및 학교생활에 잘 적응하는 경우 멘토링이 반드시 필요한 것은 아니다. 그러나 정부의 예산 집행이 교육적 지원이 필요한 멘티에 대한 수요 조사를 바탕으로 이루어져야 하는데 대학생들에게 장학금으로 활동비를 지급할 수 있는지 여부에 따라 진행되고 있는 것은 바람직한 현상은 아니다. 멘토링이 '자원봉사'라는 본래의 의미가 상실 된 채 국가근로장학금 사업과 연계 되면서 교육수요자인 다문화가정 학생들에 대한 교육적 측면보다는 '대학생 멘토' 중심의 경제적 측면으로 변질되고 있는 것은 아닌지 살펴볼 필요가 있다.

　다문화멘토링의 선행연구를 살펴보면, 첫째, 다문화멘토링에 참여한 예비교사나 멘토들의 경험을 토대로 멘토의 인식변화나 효과성을 살펴본 연구들로 멘토링 활동에 참여한 멘토들은 다문화에 대한 선입견과 고정관념이 긍정적으로 변화되고 멘티의 성장을 도우면서 본인들도 성장한 것으로 나타났다(윤경원·엄재은, 2009; 최진영, 2011; 김기영, 2014). 둘째, 다문화멘토링에 참여한 멘티들의 효과성과 자기 효능감(김민정, 2013) 연구로, 학업과 정서적인 측면에서 효과가 있는 것으로 나타났다. 셋째, 다문화멘토링에 대한 멘티들의 요구분석과 다문화멘토링 프로그램 개발 후 효과성에 대한 연구이다(전명희, 2011; 손영희, 2011). 손영희(2011)는 멘티들의 요구가 반영된 수요자 중심의 맞춤형 멘토링이 필요하다고 주장하였다. 이와 더불어 학교 담당교사와 다문화가정 학생의 학부모에게도 다문화멘토링에 대한 교육이 필요하다고 하였다. 넷째, 다문화멘토링 모형을 개발한 사례(은혜경, 2012; 송진웅, 2008)로, 은혜경(2012)는 새로운 구성원인 결혼이주자들의 대학 공부를 지원하기 위한 멘토링 프로그램을 개발하였고, 송진웅은 예비교사를 활용한 다문화멘토링 시범사업을 통해 다문화멘토링의 확산을 위한 모형을 개발하였다. 마지막은 다문화멘토링 운영사례를 연구한 사례이다(박인옥, 2013; 박선옥, 2013; 이성순, 2014). 이 연구들은 실질적으로 다문화멘토링을 현장에서 운영해 보고 개선방안을 제시하였다는데 의의가 있다. 윤경원 외(2009)는 다문화멘토링에 대한 연구들의 대부분이 멘토링의 효과 증진에 목적을 두고 있다는 점에서 연구의 대상이 소수인종이나 이주민 아동 청소년으로 확장된 것 이상의 큰 의미를 갖지 못한다는 한계를 지닌다고 하였다. 또한 인종과 문화 등을 유동적인 범주라기보다 고정된 변수들로 고려함으로써 다문화 사회의 역동성과 변화를 제대로 드러내지 못하고 있다.

외국의 경우 다인종으로 구성된 미국 등 일부 국가들을 중심으로 멘토링에 영향을 미치는 배경요인에 관한 연구들이 제출된 바 있다. 다문화적 요인으로는 인종, 민족, 문화적 배경, 고정관념 등이 주로 논의되고 있으며, 연구방법의 측면에서는 실증적 연구가 주를 이루고 있다(Sanchez and Colon, 2005; Liang and Grossman, 2007; 은혜경, 2015에서 재인용). 그러나 현재 국내에 나와 있는 연구 논문들은 객관적인 평가가 아닌 자체 평가에 따른 멘토의 효과성이나 멘티의 만족도를 조사한 것들이다. 다문화멘토링에 있어 멘토의 역량에 따라 멘토링의 만족도와 효과성이 달라질 수 있음은 많은 선행연구들이 말해 주고 있다. 이 밖에도 다문화멘토링을 운영 후 개선 방안을 제시한 경우에도 다문화멘토링에 대한 장기적인 대책이 아닌 현재 진행되고 있는 다문화멘토링에 대한 운영에 대한 단기적인 개선책이라는데 한계와 제한점을 가진다. 정책 운영은 사람이 하는 일이기 때문에 운영자의 역량에 따라 다문화멘토링 사업의 효과성이나 만족도가 달라질 수 있다. 앞선 선행연구 분석에서도 살펴보았듯이 다문화멘토링에 대한 연구는 미비하고 그나마도 멘토나 멘티의 효과성 내지는 현재 진행되고 있는 다문화멘토링에 대한 운영을 살펴보고 단기적인 개선책을 제시한 연구들이 대부분이다.

멘토링은 일방적인 관계가 아닌 쌍방적인 관계속에서 상호 호혜적인 관계를 형성하며 동반성장하는 활동이다. 이에 대학생을 활용한 다문화멘토링에 대한 객관적인 평가와 멘티들이 원하는 요구는 무엇인지, 멘토와 멘티가 동반성장하기 위해 필요한 것은 무엇인지 등에 대한 근본적인 물음에 대한 고민들이 필요하다. 최항석(2006)이 주장한 것처럼 멘토링도 멘티의 변화에 초점을 두었던 전통적인 멘토링에서 멘토와 멘티가 동반성장하는 새로운 패러다임으로 변화되어야 한다. 특히 교육부가 주장하는 다문화가정 학생들에게 맞춤형 멘토링을 위해서는 멘티들이 필요로 하는 요구와 수준에 맞게 멘토링이 진행되어야 한다.

2. 다문화멘토링의 이해

1) 멘토링의 이해

① 멘토링의 개념

멘토링은 일회성이 아닌 지속적인 '관계'를 기반으로 하며 사회적 기능을 포함하여 멘토의 역량을 강조하는 봉사학습(Service Learning)의 의미도 포함하고 있다. 그래서 멘토링은 문제 해결이나 학습 능력 향상과 같이 특정한 목표보다는 전인적인 발달과 성장에 목표를 둔다.

멘토라는 말의 기원은 그리스 신화의 영웅인 이타카 왕국의 오디세우스가 트로이 원정을 떠날 때 자신의 어린 아들인 텔레마코스를 친구인 멘토르에게 맡기며 잘 보살펴 줄 것을 당부한데서 유래하였다. 그 후 멘토르는 20년 동안 오디세우스가 돌아올 때까지 텔레마코스의 선생님, 상담자 그리고 아버지 역할을 하며 그를 잘 돌보아 주었다. 텔레마코스는 멘토르 덕분에 지혜롭고 용감한 청년으로 성장 할 수 있었다. 그 후로 멘토라는 그의 이름은 지혜와 신뢰로 한 사람의 인생을 이끌어 주는 지도자라는 의미로 사용되어 왔다.

오늘날 우리사회 전반에 걸쳐 멘토링이 확산되고 있지만 멘토링에 대한 정확한 이해의 부족으로 튜터링이나 코칭 등의 유사 개념과 구분 없이 사용하는 경우가 많다. 멘토링은 일회성이 아닌 지속적인 '관계'가 매우 중요하다. 반면에 튜터링과 코칭은 목표달성을 위한 행동에 초점이 맞추어져 있다.

멘토링은 운영 방향 설정이나 결과에 따라 편차를 보이는데, 멘토링을 특정 목적을 수행하거나 학습을 하는 행위로 이해할 경우, 멘토와 멘티의 관계를 중시하는 멘토링 본래의 취지를 살리기 어렵고, 멘티의 요구보다는 성과에 치중하는 우를 범할 수 있다(한국청소년개발원, 2012).

멘토와 멘티의 관계를 중요한 핵심기제로 보는 멘토링은 학자들에 따라 다양하게 정의되고 있다. Scandura & Willams(2004)는 멘토링을 조직의 구조에서 경험이 많은 윗사람(멘토)과 신규직원 또는 경험이 적은 사람(멘티)과의 일대일 관계라고 정의하였다. 이 때 멘토는 경험과 지식이 많은 사람으로 멘티의 잠재력 개발에 적극적으로 행동한 사람을 말한다. Shea(2002)는 멘토와 멘티의 개인적, 일대일의 접촉 결과 개인의 인생이나 스타일에 중요하고 장기적이며 유익한 영향을 가져다주는 것으로 정의하였다. 멘토는 상대방인 멘티에게 다양한 지식이나 지혜를 제공하는 사람을 말한다. Kram(1985)은 멘토링을 상이한 수준의 전문기술을 가지고 있는 두 명의 개인들 사이의 상호작용 관계로 정의하고, 멘토의 역할을 경력개발과 심리사회적 기능으로 구분하였다. Murray(2006)는 멘토링을 경험과 기술이 많은 사람과 미흡한 사람이 짝이 되어 공동의 목표를 가지고 미흡한 사람의 능력을 개발하는 것으로 보았다(천정웅·남부현·김삼화, 2012).

그러나 오늘날 이러한 전통적인 멘토링의 개념은 점차로 쇠퇴하고 있다. 반면 일방적인 멘티 지향적 상하관계인 전통적 멘토링에서 멘토와 멘티 간 상하 협력적 수평적 멘토링으로 패러다임이 바뀌어야 한다고 주장하는 목소리가 힘을 얻고 있는 추세이다. 예컨대 Dawin(2000)은 멘토링을 멘티의 역량개발과 학습에 주안점을 둔 종전의 관점을 '기능주의 관점'으로 규정하고 멘토링을 멘토와 멘티의 동반성장을 위한 상호의존적, 상호 호혜적 프로세스로 보는 최근의 관점을 '인본주의 관점'으로 규정하면서 멘토링의 패러다임이 인본주의적 관점으로 변화되어야 한다고 주장하고 있다(장정훈, 2008).

학자에 따라 다양하게 정의되고 있는 멘토링의 개념을 종합해 보면, 멘토링은 상대적으로 경험이 풍부하고 지혜가 많은 멘토가 상대적으로 경험이 부족한 멘티를 1:1로 관계를 맺고 꾸준히 지도·조언하면서 멘티의 잠재력을 향상시키고 지지해주는 과정이다. 이런 과정을 통해 멘토는 멘티를 성공적인 삶으로 인도하는 가이드 역할을 한다. 교사와 학습자라는 위계적이고 일방적인 관계를 벗어나 공동 학습자라는 입장에서 상호작용을 통해 멘티와 더불어 멘토 역시 성장하는 계기가 된다.

② 멘토링 구성요소

멘토링의 구성 요소는 인적 요소와 내용적 요소로 나누어 볼 수 있다. 멘토링의 인적 요소에는 멘토, 멘티, 코디네이터, 슈퍼바이저, 멘토 펠로우 등이 있다. 멘토는 경험과 기술이 많은 사람으로 멘티가 건강한 사회인으로 성장할 수 있도록 정서적 지지 및 역할모델을 제공하여야 한다. 멘티는 멘토링 활동의 실제 수혜자로서 멘토와의 일대일 관계를 통해 자신의 잠재력을 개발한다. 코디네이터는 프로그램을 운영하는 주체로서 프로그램을 기획하고 멘토와 멘티를 매칭한다. 또한 멘토의 멘토링 계획서 작성에 조언 및 지속적인 수퍼비전을 제시하고 멘토들의 교육을 담당하는 역할을 한다. 슈퍼바이저는 멘토와의 정기적인 만남을 통해 멘토의 역할수행에 대한 피드백을 제공하고 향후 활동에 조언하는 역할을 한다. 멘토 펠로우는 멘토를 지지하고 격려하며 멘토를 돕는다.

멘토링의 내용적 요소로는 개별 프로그램, 집단 프로그램, 멘토-멘티 교육, 멘토 관리 감독 등이 있다. 개별 프로그램 내용은 개별상담, 공동 여가활동 및 문화활동, 공동 학습활동, 상호 가정방문 등으로 구성된다. 집단 프로그램은 다른 멘토와 멘티와 함께 문화체험활동을 통해 정서 함양 및 문화적 소외감을 해소할 수 있도록 한다. 멘토 교육은 멘토링 시작전에 실시하여 프로그램과 멘티에 대한 이해를 도와야 한다. 결연 관리자는 멘토링 활동에 참여하는 멘토로부터 진행상황을 수시로 보고 받고 이에 대한 수퍼비전을 제공하여야 한다(천정웅 외, 2012).

③ 멘토링의 유형

멘토링의 유형은 멘토링이 이루어지는 방식에 따라 여러 가지로 나눌 수 있다. 발생형태에 따라 비공식멘토링, 공시적 체계적 멘토링으로, 멘토링 장소에 따라 지역사회 기반 멘토링, 학교기반 멘토링으로, 멘토링 운영형태에 따라 개별 멘토링, 집단 멘토링, 면대면 멘토링, 텔레멘토링, e-멘토링으로 나눌 수 있다.

멘토링의 유형

기 준	유 형	내 용
발생형태	비공식 멘토링	자연 발생적이고 비체계적인 매칭을 통해 이루어지는 것으로 경험자와 비 경험자 사이에 자연스럽게 일어나는 상호작용
	공시적 체계적 멘토링	대학생 멘토와 초·중·고등학생 멘티의 매칭이 계획적이고 체계적으로 이루어지며 멘토링 활동에 대한 과정을 미리 설계하고 의도에 따라 진행
장소	지역사회 기반 멘토링	멘토링을 조율하는 코디네이터가 존재하며, 지역 사회 기관이나 멘토링 당사자들(대학생 멘토, 초, 중, 고등학생 멘티)의 협의에 의해 결정된 장소에서 실시
	학교 기반 멘토링	학교 공간 내에서 진행하는 것이 원칙이므로 보통 학기 중에 진행되는 경우가 많으며, 장소 확보가 용이
운영형태	개별 멘토링	대학생 멘토와 초·중·고등학생 멘티가 주 1~3회 정도의 1:1 만남을 통해 개별 프로그램을 수행

	집단 멘토링	다수의 초·중·고등학생 멘티와 대학생 멘토가 함께 공동의 목표를 가지고 활동에 참여하는 형태, 견학이나 캠프, 체험 활동 등 개별 활동으로 진행하기 어려운 활동의 경우 효과적으로 적용
	면대면 멘토링	가장 전통적인 방법으로 대학생 멘토와 초·중·고등학생 멘티가 정기적으로 직접 만나서 멘토링을 실시
	텔레 멘토링	전화를 이용하여 대학생 멘토와 초·중·고등학생 멘티 간의 주요한 접촉이 이루어지는 멘토링 관계
	e - 멘토링	이메일이나 온라인 게시판과 같은 원격의사 소통 매체를 이용하여 대학생 멘토와 초·중·고등학생 멘티 간의 주요한 접촉이 이루어지는 멘토링 관계. 시간과 공간의 제약을 받지 않으며 다양한 참가자의 욕구에 맞는 대학생 멘토와 초·중·고등학생 멘티의 연계가 용이

출처 : 2018 다문화·탈북학생 멘토링 가이드북(한국장학재단, 2018 p.8)

2) 다문화멘토링의 이해

① 다문화멘토링의 개념

Banks(2008)는 다문화교육은 다양한 계층 ·인종·민족·성 등 다양한 배경을 가진 모든 학생이 평등한 교육기회를 제공 받을 수 있도록 교육과정과 교육제도를 개선하는 교육개혁 운동이라고 하였다. 또한 다문화교육의 주요한 요소로 모든 학생들에게 동등한 교육기회를 창출하는 것을 목적으로 한다. 이러한 차원에서 다문화멘토링은 새로운 교육소외계층으로 등장한 다문화가정 학생들에게 기회의 평등, 과정의 평등을 제공할 수 있는 방안 중 하나가 될 수 있다(모경환 외, 2013).

아직까지 다문화멘토링에 대한 정확한 개념이 정의 된 바는 없지만, 박인옥(2014)은 다문화교육의 실천 방안 중 하나로서 다문화가정 자녀들에게 발생할 수 있는 다양한 문제를 예방하고 해결하기 위한 방법이라고 하였다. 서미옥 외(2010)는 다문화가정 학생들에게 학습지원 및 정서적 지지를 제공하는 생활지도 및 인성교육을 지원하는 활동으로, 김민정(2013)은 다문화멘토링을 경력관련과 사회 심리학적 관련으로 나누고, 경력관련은 멘티가 멘토링을 통하여 학교 학습동기를 제고하고, 학생으로서 자신의 학습역량을 적절히 발휘할 수 있도록 후원·지도, 보호하고 도전적 동기를 부여하는 것이라고 말했다. 사회 심리학적 관련은 멘토링을 통해 멘티가 정서적 안정감을 가지고 자신감과 효능감을 획득할 수 있도록 도와주는 것으로 보았다. 최진영(2011)은 다문화가정 학생 멘티에게 도움을 제공할 뿐 아니라 예비교사인 멘토의 다문화적 역량을 향상시키는데 목적을 두고 있다는 점에서 봉사학습으로 정의하였다. 이성순(2014)은 대학생이 멘토가 되어 다문화가정의 학생을 개별적으로 교육하고 지원하는 것을 의미한다고 정의하였다. 손영희(2011)는 일상생활과 학교에서 소외와 어려움을 경험하는 다문화가정 학생들에게 서비스를 제공하여 건강한 사회인이 될 수 있도록 이들의 성장을 돕는 프로그램으로 보았다. 은혜경(2015)은 문화적으로 이질적인 구성원이 참여하는 멘토링으로 정의하였다.

아직까지는 '다문화멘토링'에 대한 개념 정리나 정의에 대한 논의는 미흡하다. 용어 자체도 이미 우리사회 전반에 걸쳐 '멘토링'이란 용어가 광범위하게 사용되고 있는데 굳이 '다문화'라는 단어를 넣어 대상을 범주화 시킬 필요가 있느냐에 대한 문제 제기도 있어 왔고, 현재 사용되고 있는 '다문화멘토링'이란 용어 자체가 차별적인 의미를 내포하고 있다는 부정적인 시각도 있다. 어떤 특정 집단을 지칭하는 것에 대해 논란의 여지가 없는 것은 아니지만 청소년을 상대로 하는 멘토링을 '청소년 멘토링'이라고 지칭하는 것처럼 다문화가정 학생들에 대한 멘토링을 '다문화멘토링'이라고 지칭하고자 한다. 이와 더불어 제기되는 문제 중 하나가 바로 일반멘토링과 다문화멘토링을 구별하는 가장 큰 요인은 무엇이냐에 대한 질문이다. 이질적인 요인이 가장 큰 요인으로 현실에서는 멘티가 다문화가정 학생인 점이 가장 결정적인 요인이 되고 있다. 문화적 배경이 다른 멘티와 멘토가 신뢰를 기반으로 지속적인 관계형성을 통해 멘티의 사회성과 정체성, 지적발달에 도움을 줄 수 있다는 점에서 다문화가정 학생들의 성장과 발달에 효과적일 수 있다(김지연, 2009; 김재철·성경주, 2008).

이를 종합해 보면, 다문화멘토링은 멘토링의 중요한 핵심기제인 멘토와 멘티의 상호작용을 통한 성장과 다문화적 배경과 정체성을 포함하는 개념으로, 1:1로 상대적으로 경험과 지식이 많은 멘토가 문화적 배경이 같거나 다른 멘티의 요구에 맞춰 꾸준히 관계를 지속하면서 멘티의 실력과 잠재력을 향상시켜 건강한 사회인으로 성장할 수 있도록 지지하는 멘토와 멘티가 동반성장하는 활동으로 볼 수 있다.

② 다문화멘토링의 필요성

다문화가정 학생들의 진로 및 직업 선택에 있어서 불평등한 사회계층으로 재생산될 수 있다는 우려에 대한 해결책으로 다문화교육의 필요성이 제기되고 있다. 모두가 그런 것은 아니지만 사회적 약자일 수 있는 다문화가정 학생들이 건강한 사회인으로 성장할 수 있도록 지원하는 일은 미래를 대비하는 중요한 일이다. 정부도 교육격차를 줄이기 위해 각종 지원정책을 추진하고 있는데 다문화멘토링도 그 중의 하나이다(손영희, 2015).

여성가족부(2015)의 조사 결과, 많은 다문화가정 부모들은 낮은 경제적, 사회적 지위에도 불구하고 자녀에 대한 기대감이 높았는데, 52.3%가 자신의 자녀들은 4년제 이상 대학을 졸업하기를 희망했고, 대학원 이상도 11.5%로 나타나 높은 교육 욕구를 가지고 있음을 알 수 있었다. 그러나 현실은 다문화가정 부모들의 자녀교육에 대한 높은 기대에도 불구하고 부모의 낮은 경제력과 사회적 지위, 그리고 부모의 이중적 문화 배경은 다문화가정 학생들에게 긍정적인 효과보다는 학교생활의 부적응, 언어소통의 어려움을 겪게 하는 것으로 나타났다. 이처럼 다문화가정 학부모가 아이를 돌보지 못하는 이유를 살펴보니, 경제적인 이유가 52.6%, 학습지도를 못해서 27.6%, 한국어 수준이 낮아서 10.5%로 나타나 이들에 대한 사회적 관심과 교육지원이 절실하다(여성가족부, 2015).

다문화가정 학생들이 겪고 있는 어려움을 구체적으로 살펴보면, 한국어가 미숙한 어머니와 생활하면서 언어발달지체와 문화부적응으로 인해 학교생활에 어려움을 겪고 있었다(설동훈, 2005; 오성배, 2005; 교육부, 2007). 학교생활에 잘 적응하지 못하는 이유로 친구들과 어울리지 못해서가 64.7%로 가장 많았고, 학교공부에 흥미가 없거나 45.2%, 한국어를 잘 하지 못 해서가 25.5%, 부모의 관심이나 경제적 지원 부족이 10.9% 등으로 나타났다(여성가족부, 2015). 다문화가정 학생의 23.6%는 학교 공부가 어렵다고 응답하였는데 학교급이 높을수록, 가구소득이 낮을수록, 외국에서 주로 성장한 자녀일수록 학교 공부에 어려움이 큰 것으로 나타났다(여성가족부, 2015). 또한 이들은 수업에 대한 이해도가 낮고, 폭력적이거나 과잉행동장애(ADHD)를 보이는 등 정서장애를 겪는 경우도 있는 것으로 나타났다(교육부, 2007; 선필호, 2010). 정서적으로도 사춘기에 접어드는 초등학교 고학년·중학교와 고등학교에 진학하는 다문화가정 학생들은 실생활에서 자신의 신분을 속이거나 자존감이 떨어진다(천정웅 외, 2012). 이들의 학업성취도를 살펴보면 상급학교로 올라 갈수록 일반 학생들과의 격차가 벌어져 결국 상급학교로의 진학을 포기하는 경향이 높았다(이재분, 2008; 교육부, 2015).

다문화가정 학생들의 학업 중단 비율도 초등학교 0.8%, 중학교 1.2%, 고등학교 2.1%로 일반학생의 학업중단 비율인 초등학교 0.6%, 중학교 0.8%, 고등학교 1.6%에 비해 더 높았다(교육부, 2015). 이들의 기초 학력의 부진은 단지 학업부진에서 끝나는 것이 아니라 그들의 현실적인 경제 문제와 맞물려 성인이 되어도 영향을 미친다는데 문제가 있다. 다문화가정 학생들의 진로 및 직업 선택에 있어서 불평등한 사회계층으로 재생산될 수 있다는 우려에 대한 대안으로 다문화교육의 필요성이 제기되고 있다(Banks, 2008: 3).

전광석(2008)은 다문화가정 학생들이 겪는 다양한 어려움은 이들이 건강한 사회인으로 성장하는데 걸림돌이 될 수 있다며, 이들이 건강하게 성장하고 사회에 적응할 수 있도록 지원하는 유용한 전략 중 하나가 다문화멘토링이라고 하였다. 다문화교육에 있어서 다문화멘토링은 다문화가정 학생의 교육 기반을 조성하기 위한 중요한 역할을 한다. 다문화가정 학생의 사회적·정서적·학업적 문제를 해결하기 위해서는 사회구조적인 학생 지원과 함께 다각적인 이해와 접근이 필요하다. 이에 손영희(2011)는 다문화멘토링이 다문화가정 학생들의 여러 가지 문제와 어려움을 지원하기 위한 하나의 대안이 될 수 있다고 하였다.

3. 다문화멘토링 정책 및 현황

교육부는 다문화가정 학생들의 학교생활 적응 및 학업을 지원하기 위해 대학생을 활용한 다문화멘토링을 추진하고 있다. 교육부에서 진행하고 있는 다문화멘토링 정책 및 현황은 다음과 같다.

1) 다문화멘토링 정책

최초의 다문화가족을 위한 멘토링 프로그램은 2006년 부산남구 다문화가족지원센터에서 여성결혼이민자 프로그램 참여를 시작으로 여성결혼 이민자와 한국 주부 간 1:1 결연을 맺고 한국의 지역문화와 한국가족, 한국생활 방식에 대한 이해를 목적으로 진행되었다. 그 후 전국에 있는 다문화가족지원센터와 민간단체 등에서 여성결혼이민자와 그 자녀들을 위한 한국어교육, 문화체험, 온라인 멘토링 등이 지속적으로 확산되고 있다(손영희, 2012).

정부차원에서 시작된 다문화멘토링 관련 내용을 연도별로 살펴보면 다음과 같다. 2006년 다문화교육의 정책 비전은 '문화민주적 통합'으로 한국을 '문화적 용해의 장'으로 전환'하는데 있었다(교육부, 2006). 이 정책 〈과제 6〉에 '대학생 멘토링'을 다문화가정 자녀에게 확대 실시한다고 발표하였다. 2007년과 2008년의 다문화교육의 정책 비전은 '언어 및 문화 장벽 해소와 사회적 귀속감 및 다문화 감수성 증대'에 있었다. 2009년에는 '다문화가정 학생 멘토링 지원'을 위해 '09년 교대생을 활용한 다문화가정 학생 멘토링 계획'을 수립하여 교대생이 다문화가정 학생 멘토링 활동에 참여하도록 하였다. 교육대학교 학생들에게 근로장학금으로 15억원을 지원하고 사회봉사 학점으로 인정해 주었다.

2010년 교육부의 정책 비전은 '배움과 이해로 함께 살아가는 다문화사회 구현'이었다. 이에 따른 다문화가정 학생 1:1 멘토링 지원 내용을 살펴보면, '교사 등이 참여하는 멘토링' 과 '교대생 등을 활용한 멘토링'으로 진행 되었다. 2011년 교육부의 정책 비전은 '동화와 융합을 넘은 다문화 존중사회 구현'이다. 이에 따른 다문화가정 학생 1:1 멘토링 지원 내용을 살펴보면 교사와 퇴직교원을 멘토로 활용하였고, 멘토링 참여 대학생에는 국가근로장학금과 교육봉사학점 등을 부여하였다. 2011년에는 국가근로장학금 제도와 연계하여 전국대학으로 확대 하였다. 2012년 다문화교육의 정책 비전은 '다양성을 이해하는 창의적인 글로벌 인재 양성'이다. 이에 따라 1:1 멘토링 강화를 통한 다문화학생 기초학력 책임지도를 위해 멘토링의 목표를 다문화학생 기초학력미달비율을, 12년에는 2%대, 13년에는 1%대 진입을 목표로 설정하였다.

2013년 다문화멘토링의 주요내용을 살펴보면, 다문화·탈북학생 급증에 따라 다문화·탈북학생의 학교생활 적응지원과 강화를 위해 대학생 멘토링을 확대 하고 농어촌 지역 등 멘토링 지원 사각지대를 해소하기 위하여 온라인 멘토링 시스템을 개발하여 운영 한다고 하였다. 2014년에는 다문화학생 기초학력 증진을 위해 대학생 멘토링을 대폭 확대하고, 멘토 연수, 멘토-멘티 캠프 운영, 모니터링 등을 통해 멘토링 성과를 향상하고 사각지대인 농어촌 지역에는 온라인 멘토링 시스템을 적극 활용 하겠다고 하였다. 2015년 주요한 내용은 대학생 멘토링이 다문화 학생 기초학력 증진에 기여 할 수 있도록 운영방안을 개선하여 멘토의 사전연수를 의무화하고, 안정적인 멘토링 장소를 제공하고 봉사활공 학점으로 인정토록 참여 대학에 권고한다고 하였다.

2016년에는 농어촌 사각지대 해소를 위해 하계 캠프를 추진하고 멘토 학생의 역량 강화을 위해 사전연수 실시 및 멘토 간의 우수 활동 프로그램 공유 및 소통의 장을 마련한다고 하였다. 2017년 다문화교육의 비전은 '다름을 인정하는 교육, 다문화시대 인재 육성'에 있다. 이를 위해 중도입국학생들에 대한 특화 멘토링을 신설하여 중도입국·외국인가정 자녀의 원활한 학교 적응을 지원한다고 발표하였다. 또한 농어촌 사각지대 해소를 위해 농어촌 다문화 학생을 대상으로 멘토와의 놀이학습 등 하계 프로그램을 운영하고, 안정적인 멘토링 장소를 제공하기 위해 지원한다고 하였다. 2018년 다문화 멘토링은 2017년 시범 운영되었던 모국어 멘토링을 전국으로 확대하고 학교뿐만 아니라 지역아동센터에서도 멘토링 활동이 가능하도록 개선한다고 하였다. 또한 농어촌 및 원거리 지역 멘토링 지원을 강화하고 중복지원을 방지하고자 하였다.

정부의 다문화멘토링 정책을 살펴보면, 다문화가정 학생들이 교육에서 소외되지 않도록 맞춤형으로 진행하겠다는 정책 비전을 제시하고 있다. 그러나 정책 비전과 목표와는 달리 다문화멘토링은 현장 교사들의 낮은 인지도와 홍보 부족으로 멘토링이 필요한 멘티들이 신청조차 못하는 경우도 많다. 도시에 비해 문화적 혜택이 부족한 농어촌 지역은 대학생 멘토들이 기피하는 사각지대이다. 멘토를 대학생으로 한정하다 보니 지원하는 멘토가 없으면 멘토링이 필요한 멘티에게 보낼 수 없는 상황이 벌어지는 것이다. 사각지대에 놓인 멘티 관리를 위해 활동비를 지급 받는 대학생 멘토 뿐만 아니라 지역의 다양한 인적자원을 활용할 수 있는 자원봉사자를 활용하는 방안의 도입이 필요하다.

2) 다문화멘토링 운영 현황

① 다문화멘토링 운영 현황

교육부가 한국장학재단에 위탁한 대학생 다문화멘토링은 우리사회의 양극화 해소와 사회통합의 입장에서 지역사회 대학생들을 멘토로 선정하여 그 지역에 있는 다문화가정 학생들을 대상으로 진행되는 활동이다. 지역 사회와 연계해 진행되고 있는 대부분의 멘토링의 경우 순수한 자원봉사에 의미를 두고 활동하고 있는 반면에 다문화멘토링은 대학생들에게 시간당 활동시간에 따라 국가근로장학금이 지급된다. 그러다 보니 예산에 따라 사업의 규모가 정해진다. 해마다 다문화 학생들의 공교육 진입은 증가하는데 반하여 다문화멘토링 운영비는 그대로이다.

다문화멘토링 사업 운영 현황

구분	사업 예산	참여 대학수	참여 인원	지원대상	주요 요인
2011	50억	42개 대학	멘토:3,736명 멘티:4,071명	중학생까지 확대	·국가근로장학금과 연계되어 일반대학으로 확대
2012	50억	47개 대학	멘토:4,057명 멘티:4,733명	북한이탈주민 가정 자녀 및 고등학생까지 확대	·온라인멘토링 시스템 개발 계획 수립
2013	70억	52개 대학	멘토:4,897명 멘티:4,795명	북한이탈주민 가정 자녀 및 고등학생까지 확대	·교육 소외 계층 수혜 확대 ·온라인 멘토링 시스템 구축 ·근로시간 단가 인상
2014	137억	82개 대학	멘토:6,970명 멘티:7,172명	북한이탈주민 가정 자녀 및 고등학생까지 확대	·예산 증가에 따른 양적증가 ·사업관리시스템 도입
2015	67억	82개 대학	멘토:4,555명 멘티:5,115명	북한이탈주민 가정 자녀 및 고등학생까지 확대	·예산 감소에 따른 사업축소 ·멘토 조력프로그램 시범운영

2016	67억	91개 대학	멘토:4,491명 멘티:5,000명	중도입국청소년 포함	·멘토 조력 프로그램 운영 강화 ·농어촌 멘토링 캠프운영
2017	67억	90개	멘토:4,513명 멘티:4,866명	중도입국청소년 포함	·중도입국학생 모국어 멘토링 신설
2018	67억	84개	멘토:3,994명 멘티:4,309명	중도입국청소년 포함	·중도입국학생 모국어 멘토링 전국으로 확대

출처 : 한국장학재단(2011~2018), 자료 재구성

② 다문화멘토링 운영 프로세스

대학생 다문화멘토링 운영 프로세스는 교육부에서 사업 운영방안을 수립하면 한국장학재단에서 사업 시행계획을 수립하여 다문화멘토링 사업에 참여할 대학을 모집하게 된다. 사업 참여를 희망하는 대학은 한국장학재단에 신청서를 제출하고 한국장학재단에서 참여대학을 선정하여 멘토링에 참여할 수 있는 멘토수에 따라 교부금을 배정 한다. 각 대학에서는 배정된 국가근로장학금 예산에 맞혀 멘토를 선발하게 된다. 2019년부터는 멘토링사업에 참여하고자 하는 대학이 멘티를 선발하는 방식으로 변경된다. 그 동안에는 시·도교육청에서 멘티를 모집해 주면 지역별, 권역별로 대학담당자들이 협의회를 걸쳐 멘티를 배정 받아 멘토와 멘티의 매칭을 실시하였다. 주관 대학는 멘토들에 대한 사전교육을 실시하고 멘토는 온라인에 활동한 내용을 입력하고 수기출근부를 제출하고, 각 대학과 근로기관에서는 출근부를 승인하고 장학금을 지급한다. 각급 학교에서는 멘토링 장소를 제공하고 멘토들의 출근부를 관리하게 된다. 사업이 종료되면 각 대학은 장학금 지급 현황과 운영결과보고를 한국장학재단에 제출하는 것으로 사업이 종료된다.

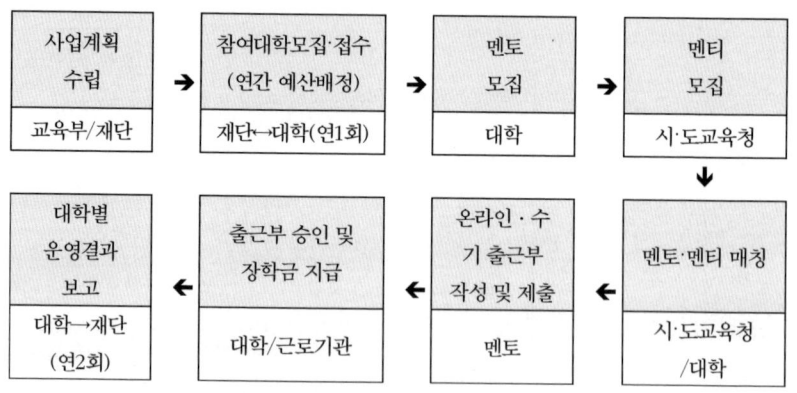

다문화멘토링 운영 프로세스(한국장학재단, 2018)

③ 대학생 다문화멘토링의 기관별 역할

아프리카 속담에 "한 아이를 키우는데 온 마을 사람들의 힘이 필요하다"고 하였다. 멘토와 멘티를 1:1로 매칭 하는데도 많은 기관의 담당자들의 수고로움이 있다. 그렇기 때문에 각 기관들과 긴밀한 협조가 이루어져야만 멘토링 활동이 원활하게 진행 될 수 있다.

교육부에서 사업계획 수립 및 기본 계획을 승인하면, 한국장학재단은 멘토링 시행계획을 수립하여 사업에 참여할 대학을 선정한다. 선정된 대학에 예산을 배분(국가근로장학금)하고 장학금을 교부한다. 각 대학에서 선발된 멘토를 관리하고 장학금을 지급한다. 수시로 거점대학과 협력하여 멘토링 운영상황을 점검하고 사전연수 및 모니터링 성과관리를 한다.

주관대학의 역할은 권역별로 사전교육을 실시하고 멘토와 멘티의 문화체험을 진행하며, 지역대학교의 이슈사항을 상시 점검하여 한국장학재단에 보고한다. 멘토링 활동에 참여하는 대학은 멘토를 선발·관리하고 사전교육 실시하여 멘토들이 활동에 임할 수 있도록 준비를 한다. 멘토링 활동에 참여한 멘토들에게 장학금을 지급한다. 멘토(대학생)는 국가근로장학사업 관련 규정을 숙지하여 멘토링 활동에 임하고, 멘토링 관련 서류를 작성하여 제출한다. 멘토링 활동전에 사전연수에 참석하고 멘토와 멘티의 문화캠프에 참가하여야 한다. 멘토링 활동 관련하여 상시 보고하고 피드백을 받는다.

교육(지원)청 및 학교는 멘티 선발 및 멘토와 멘티 매칭에 협조하고, 문화체험 캠프에 협조한다. 또한 멘토 사전 미팅 및 멘토링 장소를 제공하고 현장관리를 해야 한다. 이뿐만 아니라 멘토링 수기 출근부를 승인해 주고 멘토들에 대한 성범죄경력 조회를 실시하여야 한다.

이처럼 다문화 학생들이 우리사회의 건강한 구성원으로 성장할 수 있도록 지원하는 데는 많은 기관들의 협조와 관심이 필요하다. 이를 위해서는 관련 기관들의 긴밀하고 유기적인 네트워크가 구축 되어야 한다.

4. 대학생을 활용한 다문화멘토링 주요 내용

1) 대학생 멘토의 역할

멘토링은 일회적인 봉사활동이 아니라 지속적인 '관계'를 기반으로 한다. 대학생이 멘토가 되는 멘토링에서도 대학생(멘토)과 청소년(멘티)의 '관계'는 가장 중요하게 다루어져야 하는 요소이다. 멘토링을 통한 긍정적인 발달 산물은 멘티, 멘토의 상호적인 발달관계(mutually development relationship)를 통해서 도출될 수 있다(Garringer and MacRae, 2008:2, 김지연, 2010 재인용).

멘토링 활동에 참여하는 대학생 멘토는 멘티의 학업 내용에 대한 지식을 갖추고 있으며 본인도 청소년기를 거치면서 다양한 경험을 한 인생 선배이다(이성순, 2014). 그렇기 때문에 멘토는 보호자(supporter, sponsor), 모범자(role model), 조언자(counselor, adviser)의 역할을 수행하며 멘티의 잠재력을 개발하여 성장을 촉진 하는 역할을 수행하게 된다. 한국장학재단(2018)은 다문화멘토링 활동에 참여하는 멘토는 다문화사회와 다문화가정 현황 및 이해를 비롯하여 다문화가정 학생들의 특성 및 요구사항을 파악해야 한다고 제시하고 있다.

실제로 다문화멘토링 활동에 참여한 멘토는 멘티에게 형이나 누나처럼 긍정적이고 친밀한 관계를 형성하여 멘티에게 정서적 안정감과 사회적 지지를 바탕으로 학교생활 적응·학업성취 촉진, 사회적 모습에 대한 해결책을 제시하기도 한다(이성순, 2014).

2) 다문화멘토링 주요 내용

① 멘토링과 멘토 역할 이해

멘토와 멘티 모두에게 만족스러운 멘토링이 되기 위해서는 멘토링을 진행하는 멘토는 멘토링을 통해 성취하고자 하는 명확한 목표를 설정하여야 한다. 확실한 목표가 있는 멘토링과 매시간 무얼 할까를 고민하는 멘토링은 질적인 차이가 많이 날 수 밖에 없다. 그렇기 때문에 멘토는 스스로 자신의 역할이 무엇인지에 대한 이해를 바탕으로 자신의 역할에 대해 충분히 숙지해야 한다.

대체적으로 멘토의 역할은 가르치는 교사의 역할 : Teaching(교육), 들어주는 상담자의 역할 : Counseling(상담), 같이 뛰어주는 코치의 역할 : Coeching(코치), 지지해주는 후원자의 역할 : Sponsoring(후원)로 볼 수 있다. 물론 목적에 맞는 멘토링 활동과 역할, 어느 범위까지 할 것인가, 그리고 어떤 자세로 임할 것인가, 멘토의 책임은 어디까지인가에 대한 이해도 수반되어야 한다. 이와 더불어 멘토는 우리사회가 다문화사회로 변화된 이유 및 다문화사회에 대한 이해, 우리나라에 들어온 새로운 구성원으로 인한 다문화가정에 대한 이해, 그리고 각각의 다문화가정 학생의 특성 및 일반학생과 처한 어려움이 다르기 때문에 반드시 다문화가정 멘티가 원하는 멘토링 요구사항이 무엇인지에 대한 이해와 각각의 사례에 대한 파악이 우선시 되어야 한다.

② 교육적 지원

학습 지원을 원하는 멘티들은 한글, 한국어, 학습지도를 원하는 것으로 나타났다. 특히 중도입국학생들이 증가하면서 이들이 공교육안으로 진입은 했지만 서툰 한국어와 한글로 인해 학습능력이 떨어지고 소통에 어려움을 겪는 것으로 나타났다. 이에 따라 멘토링의 교과별 학습지도는 멘티의 인지

발달 이해, 기초교육 및 교과별 학습수준 향상, 학습 동기 부여, 학습 코칭 방법을 목표로 한다.

교과별 학습지도

원리 및 목표	내 용	비 고
멘티의 인지발달 이해	- 단계별 교육·학습지도 - 주의력과 집중력에대한 교과별 이해	
기초교육 및 교과별 학습 수준 향상	- 학습 일반 및 교과별 교수·학습지도 방법	
학습 동기 부여	- 올바른 학습 태도 형성 - 자기 주도적 학습 방법	
학습코칭 방법	- 중도입국 자녀를 위한 한국어교습 방법 - 이중 언어 교육을 위한 교육방법 - 학습부진을 위한 학과목별 교육방법	

출처 : 2018 다문화 탈북 학생 멘토링 표준 가이드북(한국장학재단, 2018)

③ 심리·정서적 지원

- 인성지도

다문화가정 학생 이해, 심리·정서 지원, 변화에 대한 능동적 대처, 문제해결 능력 향상이란 목표아래 사회 심리적·정서적·인지적 특성을 이해하고, 멘티들의 멘토링 요구사항을 파악하여 수요자의 요구에 맞는 멘토링이 될 수 있도록 진행한다. 또한 멘티들의 다문화 정체성 이해와 올바른 가치관이 형성될 수 있도록 지도하며 기본 생활습관지도 및 생활·인성지도를 통해 학교생활 적응 및 또래관계 형성에 긍정적인 지원을 한다.

- 상담지도

상담지도의 원리 및 목표는 다문화 이해 및 요구조건을 파악하고 문제해결과 자기 성장을 주도하며 자아정체성과 자존감 향상 및 긍정적인 행동 발달과 품성 계발에 있다. 주요 내용으로는 타인과의 신뢰관계 형성을 위한 상담, 멘티와 멘토의 공감 표현 방법 적용 및 기초상담 기술이해를 지원한다.

- 진로지도

진로지도에 대한 원리 및 목표는 멘티의 소질 개발 및 동기부여에 있다. 이에 대한 내용으로는 진로발달 단계 및 특성이해하고 진로지도 영역 및 지도내용을 이해해야 한다. 또한 진로지도를 위한 다양한 활동을 이해해야 한다(한국장학재단, 2018).

3) 대학생 멘토의 활동 및 지원내용

한국장학재단(2018)은 '다문화멘토링'을 전국의 초·중·고등학교 다문화·탈북 학생들에게 학교생활 적응 및 기초학력 향상을 위한 멘토링 및 학습기회를 제공하고, 멘토인 대학생들에게는 다문화·탈북 가정 및 학생에 대한 이해심 및 봉사의식을 제고 시키고 근로 장학금의 인센티브를 제공하는 활동으로 정의하고 있다.

현재 진행되고 있는 대학생을 활용한 다문화멘토링의 지원내용과 활동을 살펴보면 다음과 같다. 멘토들의 활동시간은 1일 8시간 주당 20시간 이내로 연간 120시간 내외로 학습지도·진로고민 상담 등의 활동으로 진행된다고 하였다. 그러나 학교 현장에서는 학습위주로 진행되고 있다. 멘토들에게는 시간당 도시 12,500원, 농어촌 15,000원의 국가근로장학금이 지원된다.

멘토의 활동 및 지원내용

	항 목	활동 내용
활동 시간	주요활동	·교과목·놀이·예체능 학습지도 ·진로 고민 상담. ·학습동기부여 ·멘티 학부모 사회 적응 지원 등

	참여인원	· 멘토-멘티 각각 4,500명 내외
	활동시간	· 연간 120시간 내외 · 1일 8시간/ 주당 20시간 이내(방학중 40시간 이내)
멘토 지원 사항	교육지원 근로장학금	· 시간당 도시 12,500원/농어촌 15,000원 · 멘티 소속 학교 주소기준으로 도시, 농어촌 구분 · 사전교육 및 특별활동은 도시기준 장학금 지급액 지급 · 원거리 멘토링 지원 강화(월 4시간까지) · 모국어 멘토링 확대(중도입국· 외국인 학생 대상) · 10시간 미만 활동자는 장학금 지급 불가 (단 멘티의 개별 사유에 의한 활동 중단 시에는 지급가능)
	활동확인서	재단이사장 명의의 활동 확인서 발급

출처 : 다문화·탈북학생 멘토링 표준 가이드북, 재구성(.한국장학재단, 2018)

5. 대학생 다문화멘토링 운영의 실제

대학생을 활용한 다문화멘토링은 대학생 멘토가 한국장학재단, 각 교육청 및 각급학교와 연계하여 다문화가정 멘티들과 합의된 공통의 목표를 향해 멘티의 잠재능력을 계발하고 학교 및 사회생활 적응을 돕는 활동이라고 할 수 있다. 멘토링 운영을 위해 한국장학재단이 제시하는 멘토링 실행단계는 준비단계, 실행단계, 평가단계로 이루어져 있다. 경기대학교에서는 이를 보완하여 사전준비단계, 활동단계, 성찰단계, 마무리단계로 구성하여 진행하였다. 4단계를 토대로 수년 간 운영해온 실제 사례를 살펴보는 일도 중요한 의미가 될 수 있어 소개하고자 한다.

대학생 다문화멘토링 추진 단계의 '사전준비단계'는 멘토를 선발하고 멘토-멘티 매칭, 사전교육, 멘토와 멘티 담당선생님과의 첫미팅 후 멘토링 계획서를 작성하여 제출하는 과정으로 이루어진다. 본격적인 멘토링 '활동단계'에서는 멘토들의 어려움을 덜어주고 소속감을 주기 위한 동아리결성 및 힘들어 하는 부분을 보완하기 위한 자체모니터링, 그리고 멘토와 멘티의 유대감 형성을 위한 문화체험 실시, 사전교육에 이어 심화교육을 실시하는 단계이다. '성찰단계'는 활동에 대한 성찰 및 반성의 단계로 한단계 더 성장하기 위한 과정이다. '마무리 단계'에서는 1년 동안 활동했던 멘토와 멘티들이 모여 멘토링 활동에 대한 노고를 칭찬하는 보고대회와 다문화멘토링에 대한 전반적인 평가가 있다.

대학생 다문화멘토링 추진 단계

사전준비단계	활동단계	성찰단계	마무리단계
멘토 모집 멘토 선발(면접) 멘토-멘티 매칭 사전교육 멘토링계획서 (첫미팅)	동아리결성 자체모니터링 체험활동 심화교육 상담	활동에 대한 성찰 및 반성	보고대회 평가

1) 단계별 추진 내용

가) 사전준비 단계

① 멘토 모집

  다문화멘토링에 참여할 각 대학은 멘토 모집을 위해 학교 홈페이지 및 SNS, 현수막을 이용해 홍보를 진행하게 된다. 멘토링 활동에 참여할 멘토는 지도교수 1인 이상의 추천서, 멘토링 참여 신청서, 자기소개서를 작성하여 신청하면 된다. 그러나 멘토링이 국가근로장학금으로 운영되기 때문에 휴학생이나 졸업생은 신청이 불가능하고 재학 중인 경우에만 신청이 가능하다. 무엇보다 멘토링 활동에 지속적으로 참여 가능한 경우이어야 한다. 멘토 선발과정에 있어 외국어 가능자, 전년도 멘토링 참여자, 다문화 교육 이수자 및 초·중·고등학교에서 다문화·탈북 학생과의 교류 경험자, 농어촌 (원거리)지원자는 우대해 선발하고 있다(한국장학재단, 2018)
  멘토링은 멘토의 역량이 많은 영향을 미친다. 멘토링을 신청하는 대학생들 경우 시간당 활동비가 여타의 아르바이트보다 높기 때문에 신청하는 경우도 있다. 멘토링은 단순히 시간을 채우는 것에서 끝나는 것이 아니고 사람과의 관계가 중요하기 때문에 멘토 선발에 주의해야 한다. 물론 짧은 시간 이루어지는 면접시간으로 멘토의 전부를 파악할 수는 없다. 그럼에도 불구하고 면접을 실시하는 이유는 멘토링의 중요성을 강조하고 의미 있는 활동에 참여하고 있다는 자긍심을 심어주는 것도 있다. 이 때 실시하는 면접 내용은 다문화관련 과목 수강 여부, 다문화적 관심과 지식, 그리고 멘토 신청서에 서술되어 있는 다문화관련 봉사 활동, 그 밖에 다양한 활동 내용을 바탕으로 멘토의 의지를 파악하게 된다.

② 멘티 모집

멘티 모집은 시·도 교육청(지역아동센터중앙지원단) 주관으로 매년 학기초에 초·중·고등학교와 지역아동센터 소속 학생 중에서 멘토링 참가 희망학생(멘티)를 대상으로 신청서를 받는다. 이때 모집 명단, 멘토링 참여 신청서, 개인정보활용동의서는 각 교육청에서 취합하여 한국장학재단에 통지하면 멘토링 신청이 완료된다. 멘토링 신청 기간을 놓쳤거나 학교 현장에서 멘티가 발굴되어 멘토링을 희망시 수시로 한국장학재단에 서류를 구비하여 멘토링을 신청하면 된다. 멘티 우선 모집 대상자는 교육비·교육급여 수급자, '기초학력 진단-보정 시스템'에 따른 기초학력 미도달 학생들이다. 또한 중복지원방지를 위해 타 부처의 다문화교육 서비스(여성가족부 등)수혜자의 선정은 지양해야 한다.

③ 멘토-멘티 매칭

멘토와 멘티의 매칭 작업은 멘토링을 진행하는데 있어 가장 중요한 부분을 차지한다. 멘토-멘티가 잘 매칭 되어야 멘토링 활동을 원활히 진행 될 수 있기 때문이다. 대부분 멘토들은 면접 때는 사명감을 가지고 원거리도 가능하다고 하지만 막상 매칭이 시작되면 마음이 달라지는 경우가 많다. 누구는 가까운 학교의 멘티을 배정 받았는데 자신은 왕복 2~3시간이 걸리는 학교의 멘티를 배정 받게 되면 멘토링 활동을 시작하기도 전에 포기하는 경우도 발생한다. 그렇기 때문에 매칭을 시작하기 전에 매칭 기준을 제시하여야 한다. 이 때 매칭 기준은 멘토들이 충분히 납득을 할 수 있는 기준이어야 한다.

본교에서 진행한 매칭 기준을 살펴보면, 첫째 작년에 활동 했던 멘토가 1순위가 된다. 그중에서도 작년에 했던 멘티가 멘토와 다시 하기를 희망할 경우 우선순위로 매칭한다. 그 다음으로는 교직전공자, 작년에 했던 멘토 순으로 희망하는 멘티를 매칭하였다. 2순위는 교직과목 전공자, 그리고 3순위는 신규 선발자로 배정하였다.

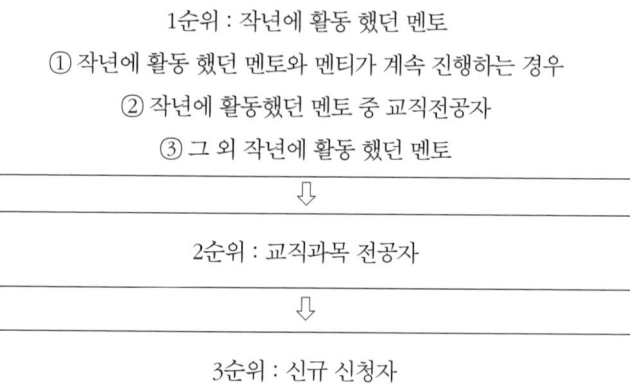

멘토 배정 순위

멘토 배정 순위를 바탕으로 1단계는 멘티들의 요구를 분석하고 멘티에 적합한 멘토를 찾기 위해 멘토들에게 신청서 제출 시 멘토링을 할 수 있는 시간, 할 수 있는 멘토링 영역, 학과, 멘토링 경험, 희망 지역 받아 멘티들이 요구한 시간과 희망과목을 중심으로 배정하였다. 이때 각 대학 실무자들은 멘티가 무엇을 원하는지 어떤 어려움이 예상되는지 멘티들의 신청서를 곰곰이 분석 후 멘토를 배정하여야 한다. 그래야 멘토링을 중간에 그만 두거나, 혹시 있을 수 있는 문제를 미연에 방지 할 수 있고 성공적인 멘토링 활동이 될 수 있기 때문이다. 또 다른 주의사항으로 멘토의 집에서 가장 가까운 지역에 있는 학교의 멘티를 배정하였다. 멘토와 멘티의 집이 가까워야 만남을 자주 할 수 있고 멘토링 활동을 지속적으로 진행 할 수 있기 때문이다.

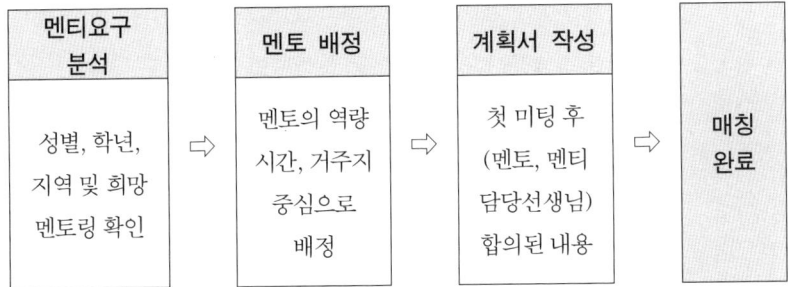

멘토-멘티 매칭 절차

④ 멘토와 멘티의 첫 미팅

　멘토와 멘티의 매칭이 이루어지면 그 다음 단계는 배정 받은 학교의 멘티를 찾아가는 첫 미팅이 이루어져야 한다. 첫 미팅은 멘티들의 멘토링에 대한 요구사항을 파악하여 앞으로 진행될 멘토링에 대한 계획을 세우고 멘티에 대한 정보를 제공 받아 의미 있는 멘토링을 진행하기 위한 준비작업이라고 볼 수 있다. 이때 멘토는 멘티가 희망하는 요구사항을 파악하고 담당교사 나 담임교사로부터 멘티에 대한 정보를 제공 받아야 한다. 멘토링 활동 장소가 대부분 멘티의 학교이기 때문에 담당교사와의 첫 미팅은 매우 중요하다. 담당교사의 의지와 협조에 따라 멘토링 활동에 영향을 주기 때문이다. 또한 학부모와의 연락을 취해 멘토링의 진행에 대해 협의를 해야 한다. 이 과정에서 멘토링의 진행 여부가 결정된다. 멘토링 진행이 어렵게 된 멘토는 다시 대학 측에 멘티 재배정을 요청하면 된다. 멘티 또한 새로운 멘토와 매칭이 될 수 있도록 지역 대학에 요청하면 된다.

⑤ 멘토링 활동 계획서 제출

첫 미팅을 다녀온 멘토는 1년 동안 진행될 멘토링에 대한 계획서를 제출해야 한다. 담당선생님, 학부모님, 멘티와 만나서 각자 원하는 멘토링의 목적에 대해알아보고 앞으로 진행될 멘토링에 대한 요구조사를 철저히 한 후 반드시 다문화멘토링 계획서를 작성하여 제출하도록 하였다. 그래야 계획성 있는 멘토링이 진행되고 의미 있는 활동으로 지속적이고 성공적인 멘토링 활동으로 이어지기 때문이다. 특히 초등 저학년인 경우 학교 끝나고 바로 멘토링이 진행되는 경우가 많은데 대부분의 학부모님과 교사들은 부족한 과목에 대한 보충수업을 원하는 경우가 많다. 그런데 저학년들 경우 공부 끝나고 바로 공부를 해야 하는 상황이 벌어지다보니 집중력도 떨어지고 멘토링에 흥미를 잃어버리는 경우도 많이 발생한다. 멘토링이 학습적인 지원만 하는 것이 아니기 때문에 다양한 활동을 할 수 있도록 좀 더 열린 마음으로 멘토링을 바라볼 필요가 있다.

⑥ 사전교육

멘토링 활동에 있어 멘토들에 대한 사전교육은 멘티-멘토의 역할과 책임을 분명히 하고, 멘토링 활동에서 발생할 수 있는 어려움과 문제를 최소화할 수 있기 때문에 반드시 필요하다. 사전내용에 들어갈 내용으로는 다문화사회의 이해, 다문화멘토링의 의미와 목적, 다문화가정에 대한 이해, 다문화가정 학생에 대한 이해, 멘티들의 자기주도적 학습 관리 방법, 성공적인 다문화멘토링에 대한 사례발표, 다문화멘토링을 위한 행정적인 안내, 초·중등 학생의 발달특성과 심리, 또래관계 인성지도, 담당직원 연락처 확보 및 다문화가정 학생 멘토링 중 유의사항 등이 들어가야 한다.

나) 활동단계

① 동아리결성

다문화멘토링은 멘토와 멘티가 1:1로 멘토링이 진행된다. 개별적으로 멘토링 활동을 진행하다 보면 각종 어려움이 발생할 경우 상담하거나 조언을 쉽게 구할 곳이 없어 당황하는 경우가 발생하게 된다. 그래서 멘토들에게 소속감과 자긍심도 심어 주고 원활한 멘토링 활동을 지원하기 위해 멘토를 중심으로 동아리를 구성하여 운영하면 효율적이다.

대학 멘토링 담당자가 슈퍼바이저가 되고 그 밑으로 각 대학의 인원에 맞게 동아리팀을 구성하면 된다. 각 팀마다 팀장을 두는데 이 팀장은 작년에 활동했던 멘토로 자신의 경험을 신규 멘토들에게 나눠줄 수 있는 역량 있는 멘토로 선발하는 것이 좋다. 각 팀장들은 조원들과 SNS(카톡방)으로 연결되어 있고 팀장들은 슈퍼바이저인 멘토링 담당자와 SNS(카톡방)로 연결되어 있다. 동아리팀장들의 역할은 1차적으로 멘토링 활동중에 생기는 멘토들의 다양한 문제와 질문에 답을 해주고, 여기서 해결이 안 되면 2차적으로 담당자에게 문의하는 형식으로 구성되어 있다.

동아리팀은 온라인상에서만 만나는 것이 아니라 오프-라인에서도 각 팀별, 그리고 정기적인 팀장모임을 통해 멘토링 진행상의 어려움과 힘든 점, 그리고 개선방법을 공유하도록 진행하고 있다. 동아리 활동은 개별적으로 활동하는 멘토들이 겪는 어려움을 토로할 곳이 없고 마땅히 조언을 들을 곳도 없어서 소속감이 없는 멘토들에게 소속감 부여와 더불어 자긍심을 갖고 멘토링 활동을 할 수 있는 원동력을 제공할 수 있는 긍정적인 효과를 가져온다.

멘토의 역할이 멘티들에게 인생의 롤모델이고, 선생님이자 인생의 가이드이고, 상담자이자 후원자인 것처럼 멘토들을 관리하는 실무자는 여기에 하나 더 슈퍼바이저 역할까지 담당해야 한다. 어려움을 겪는 멘티를 지원하고 교육하기위해 고민하는 멘토를 지원하고 멘토링이 원활히 잘 진행 될 수 있도록 멘티 학교 및 유관기관과의 긴밀한 관계를 형성하여야 한다.

② 학교 자체 모니터링

거점대학교와 각 대학 자체적으로 효과적인 멘토링 활동을 위해 사전교육을 실시하지만 멘토들의 역량과 처한 상황에 따라 멘토링의 과정 및 결과가 원하는 방향으로 진행되지 못하는 경우가 발생할 수 있다.

모니터링은 멘토링을 수행하는 멘토들을 처벌하기 위한 것이 아닌 멘토링을 진행하면서 오는 어려움을 해소하는 방향으로 진행되어야 한다. 그래서 모니터링 내용도 멘티의 상황과 의견, 그리고 멘티 학교의 담당교사들의 의견, 멘토의 의견을 수렴하여 어떻게 하면 멘토링이 잘 진행될 수 있는지에 대한 대안을 제시하여야 한다. 본교에서는 1차적으로 전화를 통한 모니터링을 수시로 실시하고 있다. 대부분의 학교에서 다문화멘토링 활동에 긍정적인 답변을 해주었다.

③ 심화교육

멘티 학교에서 가장 많이 요구하는 사항 중 하나가 바로 멘토들의 역량이다. 대학생을 활용한 다문화멘토링은 정해진 표준 매뉴얼이 존재하지 않는다. 멘티들마다 상황이 다 제각각이기 때문에 좋은 말로 하면 맞춤형 멘토링이 되지만 멘토의 역량이 부족할 경우에는 멘토링의 내용이 부실해 질 수 있다는 단점이 발생한다. 멘토로 참여하는 대학생들도 모두 교직을 전공하는 학생들이 아니다 보니 초·중등학생들을 지도하는데 어려움을 겪게 된다.

그래서 멘토들의 사전교육에서 끝날 것이 아니라 2학기가 시작되면 심화교육을 실시하여 멘토들의 다짐을 새로이 하고 멘토링에 대한 정보를 공유하여 남은 멘토링을 좀 더 의미 있게 진행할 수 있도록 지원해야 한다. 심화교육에 들어갈 내용으로는 다문화사회의 이해에 대한 특강, 우수 멘토를 활용하여 '학습적인 멘토링의 접근법', '체험활동 관련 소개', '우수 멘토가 되는 방법' 등을 공유하여 멘토링이 좀 더 활기차고 서로에게 도움이 되는 시간이 될 수 있도록 멘토링 활동에 필요한 정보를 제공하는 좋다. 심화교육을 실시하는 이유는 중간 점검의 차원과, 독려의 의미가 담겨있다.

다) 성찰단계

성찰은 일회성으로 그치는 것이 아니라 멘토링 활동 내내 정기적으로 이루어져야 한다. 멘토링 활동에 대한 자기생각과 반복적인 성찰은 멘토링 활동 내용을 향상 시킬 수 있다. 많은 멘토들은 자신들이 하고 있는 멘토링 활동이 멘티에게 도움이 되고 있는지에 대한 고민을 가지고 있다. 대부분의 멘토들은 멘티를 맡으면서 멘티를 책임져야 한다는 사명감을 가지고 실제로 책임감 있게 행동한다. 그러나 멘토 또한 경험이 부족한 학생인지라 멘토링 활동에 대한 자기 스스로가 되돌아보고 생각할 시간이 필요하다.

이러한 성찰의 시간을 가짐으로써 멘토는 한 단계 더 성숙해지고 성숙한 만큼 멘티에게 돌려주기 때문에 멘티 또한 긍정적인 영향을 받는다. 멘티 또한 자신이 멘토링 활동에 참여해서 성실하게 참여하였는지, 원하는 성과를 얻었는지 자신의 멘토링 활동에 대한 점검의 시간이 필요하다.

라)마무리단계

① 보고대회

성과 보고대회는 멘토링 활동에 참여한 멘토와 멘티가 서로에게 감사의 마음을 전하고 멘토링 성과를 공유하고 칭찬해 주는 의미 있는 자리이다. 멘티와 멘토가 10개월 가까이 매주 최소 1번에서 많게는 3~4번 만나는 일은 쉬운 일이 아니다. 대학생 멘토들이 시간을 내어 정기적으로 멘티를 만나려 가는 일은 멘토의 성실성과 책임감이 없다면 불가능한 일이다. 뿐만 아니라 멘토를 믿고 따라준 멘티에게도 고맙고 감사한 일이다. 이처럼 멘토링은 일방적인 관계가 아닌 쌍방 간의 지속적인 '관계'를 기반으로 동반성장하는 활동이라고 할 수 있다.

성과보고대회는 단순히 즐기고 참석하는데 의의가 있는 것은 아니다. 1년 가까이 멘토링 활동을 하면서 느꼈던 감동이나 어려움, 그리고 얻은 것을 나누는 성찰하는 자리이기도 하다. 그래서 멘토링에 참여한 모든 멘토들에게 멘토링 수기를 공모하여 시상 한다. 수기 공모에 참여한 멘티들의 수기 내용을 살펴보면, 공통적으로 나온 이야기가 바로 "내가 멘티에게 더 많이 받고 배웠다"라는 내용이다. 멘토 면접을 볼 때 자신이 가진 것을 나눠 주고 싶어서 시작했다는 멘토들이 멘티와 함께 하는 시간을 통해 책임감, 배려, 그리고 성실함을 얻고 멘티들은 자신들의 멘토로부터 꿈과 진로에 대한 정보를 얻고, 세상을 보는 시야를 넓힐 수 있었다.

② 평가

다문화멘토링 활동에 대한 멘토의 평가는 사업이 종료되는 그 다음연도 1월 이후에 멘토가 직접 한국장학재단에 입력하게 되어 있다. 본교는 멘토들의 '활동수기'를 통해 멘토링 활동에 대한 성찰 결과를 확인하였다.

다문화멘토링 활동에 참여했던 멘토들을 처음에는 멘티들에게 무언가 도움을 주겠다는 생각으로 시작을 하지만 멘토링 활동을 진행하면서 멘티로부터 주는 것 보다 받는 것이 더 많았다고 진술하고 있다. 또한 멘토로 인해 멘티만 성장하는 것이 아니라 멘토 또한 멘티로 인해 처음과 달리 동반 성장했다고 했다.

다문화멘토링은 다문화가정 학생들에게 단순히 과외선생님을 보내주는 활동이 아니다. 멘토링을 진행하는 멘토들은 멘티의 성장을 위해 협력하는 조력자이자 상담자, 멘티들의 롤모델이 되는 인생의 가이드 역할까지도 하는 1인 다역을 한다. 멘토들의 헌신만큼 멘토링에 참여한 멘티들은 학업성적은 물론이고 자신감 향상과 더불어 긍정적인 정체성을 형성하는데 많은 도움이 되는 것으로 나타났다.

2) 다문화멘토링의 효과성

각 급 학교에서 다문화멘토링을 진행하고 있는 담당교사들은 대학생 다문화멘토링이 긍정적인 효과가 있으며 멘티가 멘토를 기다린다고 한다. 멘토링 활동에 참여하는 멘티들은 지역에 따라 특징이 다양하다. 학교가 위치한 지역에 따라 북한이탈주민 학생이면서 다문화가정인 경우도 있고, 중도입국청소년들이 재중동포인데 부모는 외국인근로자인 경우, 결혼이민으로 이루어진 다문화가정의 경우에도 엄마 나라에 따라 멘티에 대한 관심도가 달랐다.

대부분의 멘티는 경제활동으로 바쁘거나 관심이 부족한 부모로 인해 학교생활이나 교우관계를 터놓고 이야기할 대화 상대가 없었다. 한 부모가정이거나 조손가족도 많아 멘티에게 관심을 갖고 지지해 줄 조력자나 롤 모델이 필요한 상황이었다. 그러나 부모들이 아이보다 한국어 수준이 미숙해 대화가 이루어지지 않고 학습적인 것을 봐 줄 수 없다 보니 멘티들은 제대로 된 돌봄을 받지 못하고 방치 수준에 가까운 경우도 많았다. 이뿐만이 아니라 멘티들은 저학년 때는 자신이 다문화가정 출신임을 밝히지만 고학년으로 올라가는 사회화 과정에서는 자신의 정체성을 숨긴다. 아마도 성장하면서 지지보다는 편견과 차별을 당했기 때문일 것이다. 이런 멘티들에게 대학생 멘토들은 학교나 부모가 해 줄 수 없는 기회를 제공하고 멘티에게 학습적·정서적으로 안정감을 제공 등 좋은 롤모델이 되어 주고 있었다.

다문화멘토링 효과성 관련 면담 내용

영역	면담 내용
효과성	거의 대부분 맞벌이가 많고 생활고 때문에 늦게까지 일을 하시다 보니 가정마다 조금씩은 다르지만 아이들이 방치 수준에 놓여 있는 경우가 많아요. 바쁜 부모를 대신해 아이들을 보살펴 주니 정말 고마운 일이죠. (김** 교사)
	사람을 살리고 미래에 대한 기회를 제공하는 등 학교가 할 수 없는 기회를 제공한다. (임** 교사)
	경제활동에 바쁜 부모나 관심이 부족한 부모, 그리고 경제적으로 어려운 멘티들에게 다양한 문화 활동으로 부모가 채워줄 수 없는 부분을 채워준다. (김** 교사)
	저의 센터에는 이혼한 한 부모가정이 많아서 엄마와 사는 아이들이 많은데 애네들에게 건강한 아빠의 역할을 해주며 건강한 사회인으로 성장하는데 도움을 주고 있어요. (우 *** 지역아동센터장)
	아이들이 멘토 선생님을 기다려요. 그리고 처음 시작할 때와는 달리 표정이 굉장히 밝아졌어요. (남** 교사)
	아이들이 부모님이나 선생님에게는 하지 못하는 말을 대학생 멘토들에게는 하는 것 같아요. 학습적으로 정서적으로 아이에게 안정감을 주는 것 같아요. (손** 교사)
	정체성 형성에 도움이 되는 것 같아요. 저학년 때는 부모님을 자랑스럽게 여기지만 고학년이 되면 숨기는데 지지하고 격려해주는 과정에서 자신의 정체성을 찾아가는 것 같아요. (윤** 멘토)
	공부에 관심이 없던 멘티가 미래를 꾸고, 성적향상 및 대인관계가 긍정적으로 변한 것 같아요. (이** 멘토)

3) 다문화멘토링의 한계 및 문제점

① 다문화멘토링의 한계

대학생 다문화멘토링은 긍정적인 효과에도 불구하고 몇 가지 한계 및 문제점이 제기 되고 있다. 학교로 장소가 제한되고, 월요일부터 금요일까지 주중에, 학교 방과 후 시간까지만 멘토링이 가능하고, 멘토가 대학생으로 제한된다는 점은 다문화멘토링이 가진 한계이다. 장소를 '학교'로 제한하다보니 다양한 멘토링 활동이 이루어질 수 있음에도 대부분 학습적인 멘토링으로 진행되고 있었다. 멘토링 장소변경신청서를 제출하면 학교가 아닌 학교 밖에서도 멘토링 진행이 가능하지만 이 또한 학교장의 마인드에 따라 진행여부가 결정 된다. 멘토링 활동에 긍정적인 경우 장소변경이 가능하나 '안전'문제를 우선시 하는 학교의 경우에는 주말과 방학 때에 멘토링이 중단되기도 한다. 멘토링 활동 '시간'도 주중(월~금) 학교 일과가 끝나는 4시 30분까지로 제한하다 보니 저녁시간이나 주말에는 멘토링 활동을 할 수 없는 경우가 많았다. 시간과 장소가 제한되다보니 멘티들에게 다양한 경험을 제공할 수 있는 문화체험활동을 할 수 없는 상황이었다. 또한 멘토의 대상을 국가근로장학금을 받을 수 있는 대학생으로 한정하다보니 교통이 불편하고 오고 가는데 들어가는 시간이 많은 농·어촌지역은 대학생들이 기피하는 장소가 된다. 이러다 보니 멘티가 멘토링을 희망해도 멘토가 가지 못하는 사각지대가 발생하게 된다.

② 다문화멘토링의 문제점

가. 인식 및 홍보

다문화멘토링이 진행되기 위해서는 멘토링을 신청하는 멘티가 있어야 한다. 학교 담당교사가 다문화멘토링에 대한 인식이 부족하거나 시기를 놓치는 등 관심부족으로 다문화멘토링을 신청하지 않는 경우도 발생한다. 다문화가정 학부모들 중에는 다문화멘토링 제도가 있는 줄도 모르는 경우도 많았다.

멘토링 인식 및 홍보에 대한 면담 내용

영역	면담 내용
인식 및 홍보	다문화 업무를 맡은지 1년이 되어 간다. 그동안 공문이 오면 각 학교에 전달하는 수준이었지 다문화멘토링에 대해서 자세히 알지 못했다. (김**장학사)
	멘토를 관리하고 배정하는 대학 담당자들도 자주 바뀌다 보니 다문화 멘토링에 대한 숙지가 잘 되어 있는 것 같지는 않아요. 단지 업무를 수행하기 위한 기술적인 것이 필요하다고 생각하지 다문화멘토링에 대한 의미를 생각하면서 매칭 하시는 분이 얼마나 될까요? (차**대학담당자)
	제가 보기에 다문화멘토링이 필요한 친구 같아서 부모님께 전화하면 우리애는 공부방 보낼거라고 거절하세요. (심**교사)
	제가 한글 공부를 하고 있는데 자원봉사 나오신 선생님이 한번 해보라고해서 하게 되었어요. (멘티 이**)

나. 수요자 요구조사의 부재

멘티의 경우 자신이 희망하는 멘토링과 멘토를 배정 받지 못해 멘토링에 대한 기대치가 낮은 것으로 나타났다. 멘토링의 시작은 멘티의 요구조사가 선행되고 그 요구에 맞는 멘토를 배정하는 것이 원칙임에도 현실적으로 잘 지켜지고 있지 않았다. 대학이 멘티의 요구와는 별개로 멘토링을 희망하는 멘토를 선발하기 때문이다.

수요자 요구조사의 부재에 대한 면담 내용

영역	면담 내용
수요자 요구 조사 부재	그런데 물어보기만 하고, 자기가 자신 있는 것이 국어라고 해서 했어요. 선생님이 국어 잘한다고 해서 그냥 선생님을 따른 거에요. 저는 알고 있지만 더 이상 말 안했어요. 좀 짜증이 나지만 말은 안했어요. (이** 멘티)
	간혹 가다 멘티가 중학생인 경우로 영어를 원했는데 배정된 멘토가 미술을 전공한 디자인 학부생이 오게 되는 경우 멘티가 원하는 멘토링이 아니라서 끝까지 진행되지 못하고 중간에 끝나는 경우가 많다. 멘티가 원하는 멘토를 배정하는 것은 중요하다. (임** 교사)
	국어도 원했지만 원래부터 수학을 원했어요. 학생이 수학을 원하는데 학생이 원하는 것을 못하면 서로 시간 낭비잖아요. 아니면, 멘티가 원하는 것이 무엇이니 물어보고 시작했으면 좋겠어요. (이** 멘티)

다. 사전교육

다문화멘토링이 2011년부터 전국대학으로 확대되어 시행되고 있음에도 불구하고 아직 학교나 다문화가정 학부모들은 다문화멘토링의 취지나 필요성에 대해 인식이 부족한 것으로 나타났다. 교육소외 계층을 줄이기 위해 다문화교육의 일환으로 실시되고 있는 다문화멘토링은 다문화가정 학생들을 건강한 사회인으로 성장 할 수 있도록 지원하는 프로그램으로 다문화와 다문화가정 학생에 대한 사전 지식이 매우 중요하다. 사전교육에 대한 대상 확대와 더불어 다문화가정 학생들에 대한 멘토링 요구조사도 선행되어야 멘토링이 성공 할 수 있다. 멘토링은 대상에 따라 멘토링 내용이 달라야 한다.

사전교육에 대한 면담 내용

영역	면담 내용
사전 교육	오프라인으로 듣게 되면 자기 같은 멘토가 많다는 것도 눈으로 확인하고 직접 듣게 되면 마음가짐이 달라지는 것 같아요. 사전교육은 멘토링 활동을 하기 위한 필수로 바뀌어야 한다고 생각해요. (차** 대학담당자)
	그래도 가장 좋은 방법은 멘티 발굴하기 전에 학교 담당교사들 모아놓고 연수를 하는 거예요. 학교담당교사들에게 멘토링의 중요성과 의미를 전달하면 멘토링 효과가 달라질 거예요. (임** 교사)
	정말 멘토링이 무엇인지 학교선생님과 학부모님들에게도 사전교육이 필요한 것 같아요. 오히려 학교 담당자 선생님이 아무것도 모르시고 저한테 물어보시는 경우도 많거든요. (김** 멘토)
	사실 다문화담당 장학사들이 다문화멘토링만 담당하는 것이 아니라서 잘 모른다. 담당 장학사들에게 다문화멘토링에 대한 교육이나 워크샵이 필요하다. (김** 장학사)
	멘토들에 대한 사전교육은 제대로 되고 있는지 의문입니다. (이** 장학사)

라. 멘티 발굴의 어려움

다문화멘토링에 참여할 다문화가정 학생들을 발굴하는 일이 쉽지 않은 것으로 나타났다. 공식적으로 다문화가정 학생들이 많은 학교에서 멘토링 신청이 많이 들어오지 않아 알아본 결과 다문화멘토링의 취지와 의도가 아무리 좋아도 학부모나 다문화가정 학생이 원하지 않으면 할 수가 없다고 하셨다. 필요할 것 같아서 강제도 신청해도 한 두 번하다가 그만 두기 때문에 대학생 멘토에게 미안해서 신청하지 못했다고 하셨다.

멘티 발굴의 어려움에 대한 면담 내용

영역	면담 내용
멘티 발굴	정작 필요한 다문화가정에서도 멘토링이 무엇인지 잘 몰라서 신청하라고 해도 안하시거든요~학교에서도 멘티 모집 하는게 무척 어려워요. (심** 교사)
	저희 학교 같은 경우 중학교잖아요. 아이들이 사춘기라 자신을 밝히는 것도 싫어하고 뭐든 안한다고 해서 멘티를 발굴하는 것 진짜 힘들어요. 자발성이 전제되어야 하는데 그러지 못한 경우 멘토링이 실패할 확률이 높아요. (임** 교사)
	아이들이 밝히지 않으면 담임교사도 모르는 경우가 많아요. 요새는 엄마들도 한국이름으로 개명하잖아요. 저학년은 그래도 좀 나은데 고학년은 정말 힘들어요. (한** 교사)
	매번 멘티 모집을 더 해달라고 하는데 사실 남아 있는 멘티에 대한 지원은 어떻게 할 것이냐? (이** 장학사)
	거리가 먼 학교는 매번 멘토링을 신청해도 지원하는 멘토가 없어서 이제는 포기하고 지원하지 않는 경우도 많다. (김** 장학사)

마. 매칭

멘토링의 기본은 멘티의 요구에 따라 적절한 멘토를 배정해 주어야 멘토링이 효과적으로 진행 될 수 있다. 그러나 현재의 시스템은 멘티 발굴 따로, 대학의 멘토 선발이 제각각 진행되기 때문에 매칭시 어려움이 발생하고 있다. 대학생 멘토들의 경우 학교 근처나 집 가까이에 있는 멘티를 선호 하다가 시간이 맞지 않으면 포기하는 경우도 발생한다. 대학의 입장에서도 서류 심사와 면접을 통해 멘토를 선발했는데 막상 매칭을 하려고 하면 멘티와 시간이 안 맞거나 너무 멀어서 매칭에 실패하는 경우도 발생하는 것으로 나타났다.

매칭에 대한 면담 내용

영역	면담 내용
매칭	처음 시작할 때는 대부분 멘토들이 시간당 보수가 높아서 신청하는 경우가 많거든요~ 그런데 자기가 원하는 지역이 아니면 그냥 그만 두는 거예요. (이** 멘토)
	사각지대인 농어촌 지역은 방학동안이라도 멘토링이 진행될 수 있도록 지원해야 한다. (이** 장학사)
	예산을 다 소진하기 위해서는 멘토들이 원하는 곳으로 배정할 수 밖에 없어요. 강제로 보내도 한 달 이내에 힘들다고 그만둬 버리면 우린 다시 멘토를 선발해야 하거든요. 그러다보니 알면서도 멘토들이 활동할 수 있는 인근지역으로 보낼 수 밖에 없어요. (박** 대학담당자)
	저희 같은 경우에는 멘티가 없어서 선발한 멘토들을 다 매칭 못했어요. 작년에 했던 학교에 전화했더니 이미 다른 학교와 멘토링을 하고 있다고 해서요. (차** 대학담당자)
	농어촌 멘티를 발굴해도 멘토가 가지 않는 사각지대가 많다. (민** 담당자)

바. 멘토링 내용의 부실화

멘토링 장소가 학교로 제한 되다보니 매칭된 대다수의 멘토-멘티들이 주로 학습위주로 멘토링이 진행되는 것으로 나타났다. 다문화가정 학생들의 수준과 관심 영역이 다양함에도 불구하고 멘토링 프로그램은 학습위주로 진행되고 있어 내용이 획일화되고 정형화 되었다는 비판에서 자유롭지 못한 것으로 나타났다.

멘토링 내용의 부실화에 대한 면담 내용

영역	면담 내용
멘토링 내용의 부실화	저도 작년에 신청하면서 멘토링을 음악, 요리, 미술 이런 것들을 잘하는 멘토들이 희망하는 멘티들과 매칭되어 지원하는 것이라고 생각해서 기대를 많이 했는데, 학교에 막상 가니 완전 딴판인 거예요. 무조건 앉아서 공부만 하라고 해서 정말 힘들었어요. (김** 멘토)
	제가 고2이고 영어와 수학을 해달라고 했는데 한참만에 연결된 선생님이 가장 자신 있는 과목이 국어라는 거예요. (멘티 이**)
	사실 대학생 멘토들이 와서 멘토링 하는 것만 해도 고마운 일이에요. 그럼에도 불구하고 멘토링하는 거 보면 진짜 부실하거든요. 2시간 멘토링 하면 40분 공부하고 나머지는 그냥 할 것 없어서 놀아요. (심** 교사)
	우리애는 영어를 하고 싶다고 하는데 멘토는 디자인전공 학생인지라 올 때마다 뭘 만들 것을 가지고 오거든요. 그런데 중학생 남자아이가 하려고 하겠어요. 그러니 도망가죠. (임** 교사)

사. 멘토링 장소

멘토링 장소가 학교로 제한되다 보니 장소를 확보할 수 있는 장점도 있지만 학교로 제한되면서 활동내용이 학습위주로 진행되고 있었다. 특히 안전이 강조되면서 주중 월~금요일까지 4시 40분까지로 제한하고 방학 때는 학교를 개방하지 않는 경우도 많아 이에 대한 개선책이 필요하다.

멘토링 장소에 대한 면담 내용

영역	면담 내용
멘토링 장소	학교에서는 멘토링에 대해 알려주시는 선생님도 안 계셨고요, 나중에 신청하고 학교에서 멘토링 할 수 있게 해달라고 했더니 안 된다고 해서 저의 집에서 했는데요. 저희 집에는 강아지가 2마리 있고, 동생도 어려서 자꾸 공부를 방해해서 멘토링을 진행하는데 어려움이 있었어요. (이** 멘티)
	저희학교 같은 경우는 방학 동안에 학교를 개방하지 않아요. 모든 방과 후 프로그램도 안하거든요. 학교 담당선생님 집이 수원인데 멘토링 때문에 매일 화성에 있는 학교에 나갈 수 없다고 하시면서... 그래서 저희는 방학에는 쉬는 걸로 결정 하셨대요. (김** 멘토).
	이 학교는 멘토링 장소를 아예 학교로 정해놓고 그것도 한 교실에서 여러팀이 멘토링을 진행하는데 교실을 나가도 안돼요. (김** 멘토)
	학교에서 정해진 교실에서 학습위주로 멘토링을 진행하라고 하니 저학년의 경우 너무 힘들어요. 그래서 공부하다가 울기도 하고 갑자기 가방 싸서 집에 가 버리기도 하고... (이** 멘토)
	작년에 이어 올해도 신청했는데 멘토링 사업이 너무 늦게 진행되다보니 빈 교실도 다른 용도로 사용하게 되고 멘토링 할 장소 확보도 어려워지게 되는 거죠! (한** 교사)

아. 멘토링의 시간

멘토와 멘티가 매칭이 되어도 시간 확보에 어려움이 발생하는 것으로 나타났다. 학교로 장소가 제한되면서 멘토링 시간도 자연스럽게 학교 방과 후 시간인 4시 30분에는 끝내야 하는 상황이 벌어진 것이다.

멘토링 시간에 대한 면담 내용

영역	면담 내용
멘토링 시간	저 같은 경우에는 학교에서 멘토링 하러 가는 멘티 학교까지 왕복 4시간이 넘게 걸려요. 힘들게 도착해서 멘토링을 진행하다 보면 금방 학교 문 닫을 시간이 되어 버리는 거예요. 이동시간도 너무 걸리고 교통비도 많이 나가는데, 정작 멘토링은 별로 못하게 되니까 은근 가까이에서 하는 멘토들이 부럽기도 하고요. (임** 멘토)
	저학년 위주로 선발하는데도 그럼에도 불구하고 무슨 학원을 그렇게 많이 다니는지 멘티가 너무 바빠서 멘토링을 못하는 거예요. (심** 교사)
	그래서 간신히 토요일 오전에 하자 했는데 학교에서 무조건 안 된다는 거예요. 자기네는 학교 방침 상 주중에 학교에서라고 하라고, 안 그러면 못한다고. (이** 멘토)

6. 동반성장을 향한 다문화멘토링의 방법과 모형

1) 멘토링 접근 방법

① 멘티 중심 접근 방법

멘티 중심 접근법은 수요자인 멘티의 입장에서 멘토링에 접근하는 방법이다. 멘토링의 시작은 수요자인 멘티의 요구조사가 선행되어야 한다는 조영철(2013)의 주장처럼 멘티의 요구가 반영 된 멘토링 접근방법을 의미한다.

수요자 중심 교육의 장점은 수요자, 즉 학부모나 학생에게 그들이 원하는 학교나 교육 프로그램을 선택할 수 있게 하여 수요자의 요구에 부응하는 교육을 실시함으로써 학습자의 학습동기를 유발하고 그 교육 효과를 거둘 수 있다는 점이다. 수요자 중심교육은 우리 교육을 재구조화하기 위한 시대적 요구에 반영하는 가장 효율적인 방안의 하나가 될 수 있다(최돈민, 1998). 환경에 따라 학습능력과 적응력, 그리고 한국어 수준까지 다양한 다문화가정 학생을 대상으로 하는 다문화멘토링이야말로 멘티의 수준과 요구에 맞는 맞춤형 멘토링으로 이루어져야 한다는 관점은 나름대로 설득력을 갖는다.

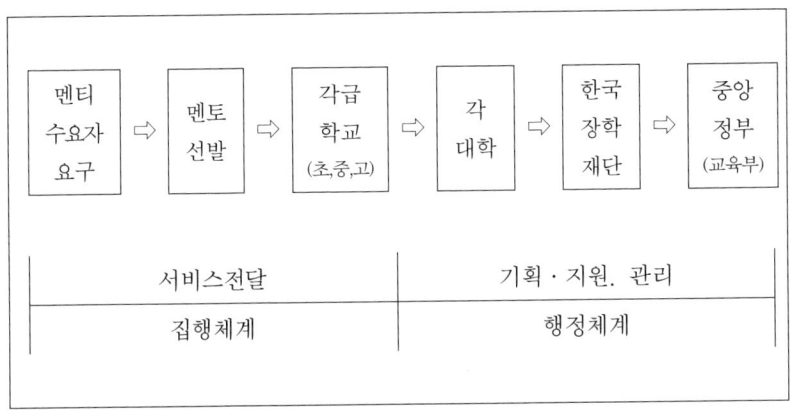

멘티 중심의 다문화멘토링 체계

② 멘토 중심 접근방법

멘토 중심 접근법은 교육수혜자가 아닌 공급자 중심에서 멘토링을 접근하는 방법이다. 정책의 초기 단계에서 정착을 위해 사용할 수 있는 접근방법의 하나이다. 하지만 교육공급자 중심 교육의 문제점은 첫째, 이용자의 서비스 선택권의 보장이 안 된다. 둘째, 개별화된 서비스의 부족하다. 셋째, 관련 기관에 대한 정보가 부족하다. 넷째, 사회복지기관 내의 인권침해 문제가 발생할 수 있다. 다섯째, 운영의 투명성에 관한 문제이다(최재성·장신재, 2001). 다시 말해 교육공급자 입장에서 교육을 결정하고 선택하다보니 획일화 되고 서열화 되어 규제와 통제 중심의 교육으로 운영하게 되고 이러다 보니 닫힌 교육이라는 비판을 받고 있다. 기존의 다문화멘토링도 때로는 멘토 중심이라는 비판을 받아오고 있는데 이는 수요자인 멘티에 대한 고려보다는 공급자인 멘토와 관리자의 입장으로 운영되기 때문이다.

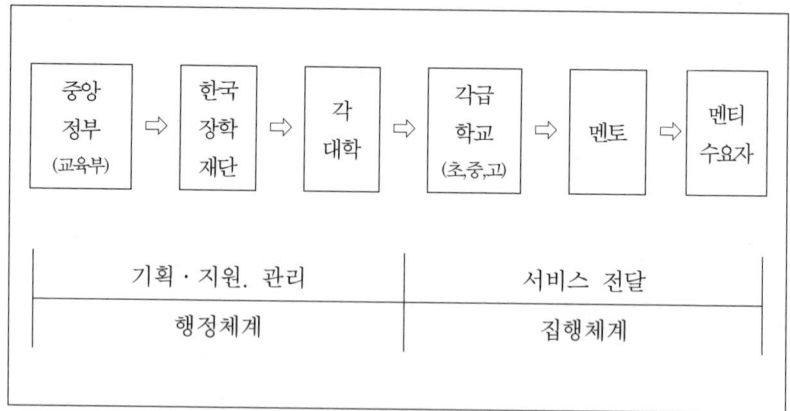

멘토 중심의 다문화멘토링 체계

③ 동반성장 다문화멘토링 접근 방법

　동반성장 다문화멘토링은 멘티 중심 접근법이나 멘토 중심 접근법의 한계를 극복하고 멘토링 활동을 통해 멘토와 멘티의 동반 성장을 추구하는 모델이다. 멘토와 멘티의 동반성장과 관련된 이론으로 봉사학습이론이 있다. 봉사학습(Service-Learning)은 체험교육의 한 형태로서 학생들의 잠재력과 자질을 개발하고 교육의 질을 높이기 위해 학생들에게 사회와 빈곤 문제에 개입할 수 있는 기회를 제공하는 교수학습이다(장경원, 2010). Service-Learning은 봉사와 학습의 관계에 따라 "service-LEARNING", "SERVICE-learning", "service learning", "SERVICE-LEARNING"의 네 유형으로 나누어진다. 대문자와 소문자는 교실에서의 학습과 현장에서의 봉사 활동 중 어디에 중점을 두는지를 표시한 것이다. 먼저, "service-LEARNING"은 강의나 독서, 토의 등 전통적인 교수방법을 통해 전달된 개념을 현실에 적용하는 맥락에서 봉사활동을 경험하는 것으로 교실에서의 학습에 초점을 둔다. "SERVICE-learning"은 봉사활동에 더욱 초점을 둔 것으로 수업은 학생들이 지역사회 참여를 통해 학습한 것을 반영해 보는 매개체 역할을 하는 것이다. "SERVICE-LEARNING"은 이

두 가지 형태의 중간에 위치한 것으로 봉사활동과 수업이 동등한 비중을 갖는다. "service learning"은 봉사와 학습을 완전히 다른 개체로 보는 유형으로 Service-Learning으로 보기 어렵다(장경원, 2010; 윤영숙, 2008; Furco, 1996). Furco(1996)는 교육에 활용할 수 있는 다양한 봉사활동 유형을 학습자와 수혜자로 나누어 설명하고 있는데 다음과 같다. 학습자에게 비중을 둔 활동은 현장체험(field experience)과 인턴십(internships)이고, 반면 수혜자에게 비중을 둔 활동은 지역사회 봉사활동(community service)과 자원봉사(volunteering)이다. 학습자와 수혜자를 같이 고려한 학습활동을 Service-Learning이라고 소개하고 있다.

봉사란 수혜자가 필요한 부분에서 이루어져야 하기 때문에 수혜자의 요구를 파악하는 것이 중요하며 봉사자와 피봉사자 간의 상호적 관계를 전제로 하기 때문에 일방향적 전달을 의미하는 박애나 자선, 의무감이나 체벌과는 구별되어야 한다(신원동, 2013). 이런 의미에서 다문화멘토링은 멘토와 멘티 또는 집단 간의 상호성과 반성적 고찰, 그리고 교육심리학적 관점에서 보는 통찰학습으로 자원봉사의 지속성에 영향을 미친다. 멘토들은 지역사회의 문제해결을 통해 사회구성원으로써. 소속감과 책임감을 발전시키는 상호작용을 한다(박승자, 2014). 멘토와 멘티가 쌍방간에 호혜적인 파트너십을 발휘하여 동반성장하는 봉사학습은 경험으로서의 봉사와 학습 모두를 강조한다. 이러한 과정을 통해 서로 나누고 배울 수 있어, 봉사자뿐만 아니라 피봉사자도 봉사학습의 수혜자가 되어 멘티와 멘티 모두가 동반성장 한다(신원동, 2013).

경기대학교에서 실시한 '동행 멘토링'은 봉사학습을 다문화멘토링에 적용한 사례이다. 경기대학교에 재학하고 있는 다문화적 배경을 가진 대학생 멘토가 같은 지역에 소재하고 있는 고등학생 멘티와 1:1 결연을 통해 8주간에 걸쳐 진로 멘토링을 진행한 프로그램이다. '동행멘토링' 운영 결과 멘토와 멘티 모두에게 효과가 있는 것으로 나타났다.

동행 멘토링 운영사례

프로그램명	다문화가정 학생들을 위한 동행멘토링
목적 및 개요	· 다문화가정 학생(고등학생)들에게 다양한 입시전형에 대한 입학설명회 제공 · 동행 멘토링 실시 : 다문화가정 학생(대학생)이 다문화가정 학생(고등학생)을 이끌어주며 학생들의 역량을 개발시켜 다문화가정 학생들의 롤모델이될 수 있는 환경 마련(대학생-멘토 / 고등학생-멘티) · 다문화가정 학생(고등학생)들이 주도적으로 진로선택을 할 수 있도록 역량 강화 · 다문화가정 학생들로 이루어진 '동행 멘토링 동아리'를 구성하여 정보 교환 및 교류의 장 마련
기간 및 대상	· 운영기간 : 2014년 9월 ~ 12월(4개월) · 대 상 : 대학생 - K대학교에 재학 중인 다문화가정 학생 고등학생 - S지역 고등학교에 재학 중인 다문화가정 학생
동행 멘토링 효과	· 멘토 : 멘티에 대한 책임감과 롤모델이 되기 위해 노력하는 과정에서 스스로 성장함. · 멘티 : 체계적이고 구체적인 진로교육을 통해 주도적으로 진로를 선택할 수 있는 역량이 강화 됨.

출처 : 경기대학교(2014). 다문화가정 학생들을 위한 동행 멘토링

2) 동반성장 멘토링 모형

(1) 동반성장 멘토링 모형의 개발

멘토와 멘티의 동반성장을 위한 멘토링 모형 개발을 위하여 대학생 다문화멘토링 운영사례와 멘토링에 대한 멘티들의 요구를 분석하여 새로운 모형에 필요한 요소를 도출하였다.

① 요소 추출과 동반성장 멘토링 모형

새로운 모형 개발을 위한 핵심요소를 도출하기 위해 실시한 멘토링 운영 사례와 멘티의 요구조사의 분석 결과.

첫째, SWOT분석 결과 약점으로는, '멘토링 내용의 부실화·획일화', '인식 및 홍보의 부족', '대학생으로 멘토 제한', '매칭의 어려움', '운영비 미지급' 등이다. 약점인 운영의 획일화·정형화에서 다양화·다원화로 가기 위해서는 멘토 중심의 공급자중심에서 멘티 중심의 수요자 중심으로 전환되어야 한다. 위협요소는 '수요자 요구 조사 부재', '공급자위주의 근로장학금 제도로 운영', '운영의 획일화·정형화', '예산에 따라 멘토가 확보되는 재정의 불확실성' 등이다. 수요자인 멘티의 요구조사를 바탕으로 멘토를 선발하고, 근로장학금 형태에서 자원봉사 형태로 나아가야 한다.

둘째, 운영사례에 대한 설문조사 결과, 사전준비단계에서는 '멘토링에 대한 홍보 부족'과 '매칭 관련 불만'이 많은 것으로 나타났다. 활동단계에서는 '학교'라는 장소 및 시간적 제약과 '학습위주의 획일적인 멘토링'으로 멘티 통제의 어려움이 발생하는 것으로 나타났다. 다문화멘토링에 대한 인식과 이해를 높이기 위해 사전교육의 대상자를 대학담당자, 학교담당교사, 학부모로 확대하고, 획일적인 학습위주 멘토링에서 멘티들의 요구를 바탕으로 프로그램을 다원화·다양화해야 한다.

셋째, 기관별 관련자들이 느끼는 운영상의 문제점으로, 학교담당자들은 '멘티 발굴의 어려움'을, 대학담당자들은 '운영비 미지급'으로 멘토링 운영에 어려움을 겪는 것으로 나타났다. 한국장학재단 멘토링이 근로장학금 사업으로 진행되다 보니 멘토들에게 지급될 근로장학금만 배정되고 멘토의 역량 강화를 위한 멘토 교육이나 문화체험에 대한 예산 지원이 전무한 상태다. 이에 멘토링 운영비는 근로장학금이 아닌 독립된 재원을 마련하여 지원하여야 한다.

멘토링 운영사례를 분석한 결과 '멘티 중심', '맞춤형', '운영 형태의 다각화'의 세 가지 요소를 추출하였다.

운영사례를 통해 도출된 요소

요 소	내 용
멘티중심	운영절차를 멘티 선발 후 멘토 선발로 변경
맞춤형	멘티의 요구에 맞는 맞춤형 멘토링
운영 형태의 다각화	・장학금과 자원봉사를 병행 ・학교로 제한 된 장소의 다각화 ・멘토의 대상을 대학원생 등으로 확대

동반성장 멘토링 모형에 반영할 멘티들의 요구분석 결과

첫째, '멘토링 참여 대상자 확대에 대한 요구'이다. 멘티의 대상에 유치원까지 포함하고 멘토의 대상도 대학원생, 다문화적 배경을 가진 멘토나 퇴임교원 등으로 확대해야 한다.

둘째, '프로그램의 다양화에 대한 요구'이다. 획일적인 학습위주에서 벗어나 멘티들이 다양한 재능을 개발하고 참여할 수 있도록 놀이 및 체험활동, 학습지도, 예체능, 한글지도, 상담 및 정서지도, 이중 언어, 진로교육 등으로 프로그램의 다양화 ・다원화를 요구했다.

셋째, '동반성장 및 만족도에 대한 요구'이다. 멘토링 활동에 참여한 멘토와 멘티가 멘토링 학습을 통해 나누고 배우는 과정에서 어느 한쪽의 일방향이 아닌 쌍방향에서 모두 만족하기를 원했다.

멘티의 요구분석 결과 반영되어야 할 요소는 '참여대상자 확대에 대한 요구', '프로그램 다양화에 대한 요구', '동반성장 및 만족도 요구'이다.

요구분석을 통해 도출된 요소

요소		내용
참여 대상자 확대	멘티의 대상 확대 요구	· 유치원 포함
	멘토의 대상 확대 요구	· 다문화적 배경을 가진 멘토 · 퇴임교원 및 지역의 인적자원 활용 등 멘토의 다양화
프로그램의 다양화요구		· 놀이 및 체험활동, 학습지도, 예체능, 한글지도, 상담 및 정서지도, 이중 언어, 진로교육 등 멘티의 요구에 맞는 맞춤형
동반성장 및 만족도 요구		· 멘토와 멘티의 만족도, 동반성장

멘토와 멘티가 동반성장하는 모형 개발을 위해 운영사례 분석과 요구조사 분석을 통하여 최종적으로 도출된 구성요소는 '멘티중심', '맞춤형', '운영형태의 다각화', '참여 대상자 확대에 대한 요구', '프로그램의 다양화 요구', '동반성장 및 만족도 요구' 등 여섯 가지이다.

앞선 연구 결과 나온 여섯 가지 구성요소를 반영하여 멘티에게는 맞춤형 멘토링을 제공하고, 멘토에게는 봉사학습기회를 제공하여 서로 상호작용하며 동반성장할 수 있는 새로운 멘토링 모형의 핵심구성요소로 맞춤형, 봉사학습, 상호작용을 최종 확정하였다. 이 세 가지 핵심요소를 반영한 동반성장 멘토링 모형은 아래와 같다.

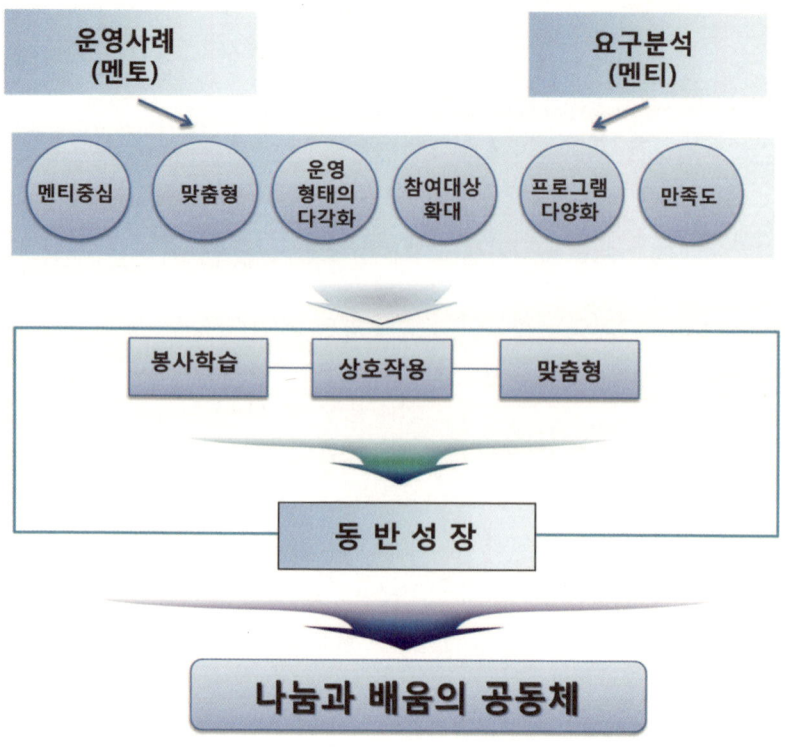

동반성장 멘토링 모형 개발

(2) 동반성장 멘토링 모형의 특징 및 내용

　동반성장 멘토링은 멘티의 다양한 요구에 맞춰 시간, 장소, 프로그램이 다양화·다원화된 맞춤형 멘토링이다. 기존 멘토링이 운영의 정형화·획일화로 운영의 자율성과 유연성이 떨어지고 학습위주로 진행 되었다면, 동반성장 멘토링은 멘티의 요구에 따라 시간과 장소도 학교에서 벗어나 다양한 활동을 할 수 있는 공간으로 확대되고, 학습위주의 획일화된 멘토링에서 다양한 활동이 가능한 모형이다. 앞선 연구에서 Kram(1995)이 제시하였듯이 멘토링의 기능은 크게 경력관련 기능과 사회심리적 기능으로 나뉜다. 다문화멘토링은 멘티들의 경력관련기능인 학습지원 뿐만 아니라 멘티가 멘토링

학습을 통해 자신감을 가지고 긍정적인 정체성 형성 및 원활한 대인관계를 형성할 수 있도록 사회심리적인 기능이 이루어질 수 있는 맞춤형 멘토링이다.

동반성장 멘토링은 멘토들에게 봉사학습 기회를 제공하여 지역사회에 기여할 수 있다. 봉사학습의 중요한 요소 중 하나가 바로 지역사회의 실제적 필요이다(장경원, 2010). 농·어촌 지역에 거주하는 멘티들의 비율은 전체의 37.2%로 상당히 높다(교육부, 2012; 김민정, 2014). 이에 반해 기존 다문화멘토링은 농·어촌 지역에 멘토링의 실수요자가 많음에도 불구하고 멘토의 지원이 부족하여 멘토링 수요에 비해 매칭 비율이 현저히 낮다. 그러나 동반성장 멘토링은 지역의 인적자원을 멘토로 활용할 수 있기 때문에 농·어촌 지역의 사각지대에 대한 지원이 가능해진다. 봉사학습에 참여한 멘토들은 지역사회의 문제해결을 통해 사회구성원으로써 소속감과 책임감을 발전시킬 수 있다(박승자, 2014). 이뿐만 아니라 지역사회의 인적자원을 활용하여 봉사학습이 이루어진다면 정부의 예산 확보에 따라 수혜자가 증감하는 문제점을 보완할 수 있다. 현재 진행되고 있는 대부분의 멘토링은 지역 사회와 연계하여 순수한 자원봉사 형태로 진행되고 있다. 동반성장 멘토링도 궁극적으로는 자원봉사 형태로 가는 것이 맞지만 지금 당장 실행하기에는 어려움이 따른다. 이에 대학생 멘토는 근로장학금과 봉사학습과 연계하고 지역의 인적자원은 자원봉사로 활용하는 등 운영의 다각화가 필요하다.

동반성장 멘토링 모형은 멘토와 멘티가 상호작용을 통해 동반성장 하는데 주안점을 둔다. Fassinger(1997)는 멘토링이 성공하기 위해서 멘토-멘티 관계가 동등하며, 서로 존중하고, 상호의존 관계일 때 효과적이라고 하였다. 기존의 다문화멘토링이 경제적인 측면이 강조된 멘토중심이라면, 동반성장 멘토링은 어느 한쪽의 일방성이 아닌 쌍방성이 강조 된 멘토와 멘티가 상호작용을 통해 동반성장하는 모형이다. 멘티들도 경험이 많은 선배 멘토들의 도움, 지지를 받으며 인적 네트워크를 형성하고, 유능감이나 자신에 대한 존중, 신뢰를 배우게 된다. 이처럼 동반성장 멘토링은 멘토와 멘티들의 관계가 일방적인 것이 아니라 쌍방간에 도움이 된다는 인식하에 더 발전될 수 있다(서미옥 외, 2010).

(3) 대학생 다문화멘토링 모형과 동반성장 모형의 차이점

대학생 다문화멘토링 모형과 동반성장 모형의 차이를 구성요소별로 살펴보면 다음과 같다.

첫 번째 구성요소인 '멘티중심'에 대한 대학생 다문화멘토링은 정부정책을 수행하기 위한 Top-Dowm 정책집행과정으로 공급자와 관리자의 행정편의주의적인 운영 시스템으로 구성되어 있다. 멘토링의 본질보다는 사업 운영의 효율성, 멘토의 효과성 측면이 강조 된다. 업무의 효율성이 강조되다 보니 멘토링의 본질인 멘티의 교육적 측면보다는 배정 받은 예산 집행을 위한 운영으로 진행되면서 멘토링의 본질이 퇴색되고 있는 것이다. 그러나 봉사와 마찬가지로 멘토링은 수요자의 필요에 의해 이루어지는 활동이다. 조영철 외(2013)는 멘티의 요구조사를 바탕으로 멘토링이 시작되어야 서로에게 도움이 된다고 하였다. 동반성장 모형은 멘티를 먼저 선발하고 멘티의 요구에 맞는 멘토를 배정하는 멘티중심이다.

두 번째 구성요소인 '맞춤형' 대학생 다문화멘토링은 운영의 효율화를 위해 멘토도 대학생으로 제한하고, 장소도 학교로 제한한다. 멘티의 요구보다는 멘토들의 의사에 따라 멘토들이 갈 수 있는 지역으로 매칭이 이루어진다. 인터뷰 사례에서도 나온 것처럼 멘티의 요구에 맞지 않는 멘토중심의 매칭은 중단 될 확률이 높다. 그러나 동반성장 멘토링은 멘티의 요구와, 수준, 단계별에 따라 멘티의 요구에 부합하는 멘토를 선발하고 매칭이 이루어진다. 매칭이 이루어지고 본격적인 멘토링 활동에 들어가기 전 멘토와 멘티가 첫 만남 시간을 갖고 멘티의 수준을 진단하고 멘토링 계획서를 작성하게 된다. 계획서를 작성하는 과정에서 멘토는 피드백을 받고 수정하여 멘티가 희망하는 멘토링이 가능하다. 멘토링 활동 과정에서도 지속적인 성찰 및 피드백을 받으면서 멘티와 멘토의 관계 형성에 따라 수정이 가능하다.

세 번째 구성요소인 '운영형태의 다각화'에 대한 대학생 다문화멘토링 모형은 멘토들에게 국가근로장학금 형태로 활동비가 지급된다. 시간당 높은 단가는 멘토들이 멘토링 활동에 참여하는 매력적인 요인이 될 수 있다. 문제는 장학사업으로 운영되다보니 멘토는 대학생으로 제한되고, 이로 인해 역량 있는 다양한 멘토 확보의 어려움이 발생하게 된다. 멘토 자원이 제함됨으로써 멘티들은 질 좋은 멘토링을 받을 수 있는 기회가 제한된다. 동반성장 멘토링은 근로장학금 형태의 멘토링과 병행하여 지역의 자원봉사자를 활용하여 멘토 풀을 확대할 수 있다. 자원봉사를 활용하면 열정적이고 역량 있는 멘토를 확보할 수 있고, 멘토링이 필요한 사각지대에 있는 멘티들은 혜택을 받을 수 있다. 동반성장 멘토링은 근로장학금 형태와 봉사학습, 자원봉사 형태의 멘토링을 병행하여 대학생들에게는 활동비를 지원하거나 봉사학습 기회를 제공하고 자원봉사자들에게는 자긍심을 심어 줄 수 있다.

네 번째 구성요소인 '참여대상자의 확대'에 대한 대학생 다문화멘토링은 멘티의 참여 대상을 초등학생에서 고등학생으로, 멘토의 대상은 장학금 지급을 위해 재학중인 대학생으로 제한한다. 이에 반해 동반성장 멘토링은 유치원생도 멘티에 포함시켜 한국어나 한글이 미숙한 멘티를 지원하고 학부모들의 사교육비를 경감시킬 수 있다. 또한 학부모들은 초등학교에 입학하기 전에 한국의 공교육에 대한 불안감을 해소할 수 있다. 멘토의 대상도 지역내의 인적자원인 다문화적 배경을 가진 성인이나, 퇴직교원, 이중 언어가 가능한 대학원생으로 멘토의 대상을 확대하여 상대적으로 도시보다 교육환경이 부족한 멘티들을 지원할 수 있다. 교육부 주관으로 멘토링이 진행되었을 당시처럼 멘토의 인력풀을 확대하는 것이다.

다섯 번째는 '프로그램 다양화 요구'로 대학생 다문화멘토링 모형은 학교로 장소를 제한하여 일방적이고 획일적인 학습위주의 멘토링으로 진행되고 있다. 앞선 연구결과에서 보았듯이 다문화멘토링에 대한 이해와 인식부족으로 멘토링을 대학생 과외선생님 보내주는 것으로 오인하여 학교라는 장소 내에서 학습위주로 진행된다. 이러다 보니 저학년의 경우에는 집중력도 떨어지고 멘토들은 멘티의 통제와 관리에 있어 어려움을 겪는다. 멘토링은 멘티의 요구를 기반으로 진행되는 활동이다. 동반성장 멘토링은 다양한 멘티들의 요구를 바탕으로 멘토를 선발하고 매칭하는 모형으로 획일성에서 벗어나 다양화·다원화할 수 있다. 멘티의 요구에 맞게 학습지도외에도 놀이 및 체험활동, 예체능, 한글지도, 상담 및 정서지도, 이중 언어, 진로교육 등 프로그램을 다양화하여 멘티의 적극적인 참여를 이끌어 낼 수 있고, 멘토링 활동을 통해 학습을 포함하여 정서적인 지원까지 멘티의 전인적인 발달에 도움을 줄 수 있다.

마지막 구성요소인 '동반성장 및 만족도'에 대한 대학생 다문화멘토링 모형은 멘토의 역량강화와 멘토의 효과성에 주안점을 둔다면 동반성장 멘토링은 멘토와 멘티가 상호작용을 통해 서로에 대해 더 잘 이해하는 일방성이 아닌 쌍방성이 강조된 모형이다. 멘토와 멘티의 행복도와 만족도를 증가시킬 수 있는 나눔과 배움이 가능하다.

대학생을 활용한 다문화멘토링과 동행 멘토링 모형의 차이점

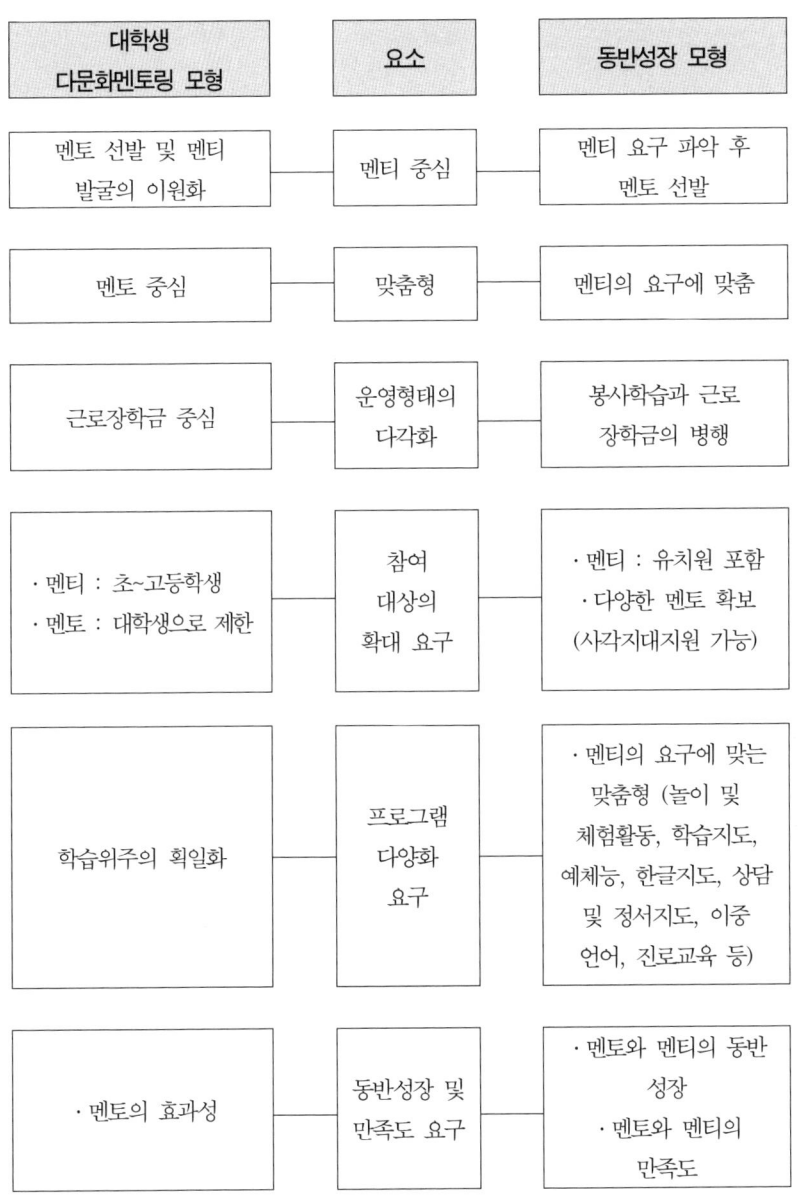

2) 운영전략과 기대효과

(1) 운영 절차

대학생 다문화멘토링 운영 프로세스는 계획수집- 참여대학선정- 멘토모집 - 멘티모집- 매칭- 활동- 마무리로 진행되는 공급자 중심 운영 프로세스이다. 공급자 중심에서 수요자 중심으로 가기 위해서는 현재 운영되고 있는 대학생 다문화멘토링의 운영 프로세스를 멘티 중심인, 계획수립- 멘티 선발 - 멘토 모집- 매칭- 활동- 마무리로 진행되어야 한다. 멘토와 멘티를 각각 선발하여 멘토와 멘티를 매칭하는 현재의 다문화멘토링 운영절차는 많은 제한점과 한계점을 가진다. 이에 멘토링 수요자인 멘티를 선발하여 멘티의 요구를 파악한 다음 멘티의 요구에 맞는 멘토를 선발하여 매칭 하여야 한다. 매칭 후 멘티의 다양한 요구에 맞는 활동으로 진행되어야 한다. 활동중에 일어나는 다양한 어려움에 대해 정기적인 성찰과정과 멘토링 활동 관련하여 수시로 피드백을 받고 멘토링을 마무리하게 된다. 모든 운영단계에서 일방적인 운영 프로세스가 아닌 쌍방성이 강조되는 운영프로세스로 공급자중심 멘토링에서 수요자중심으로 멘토링의 패러다임이 변화되는 것을 의미한다.

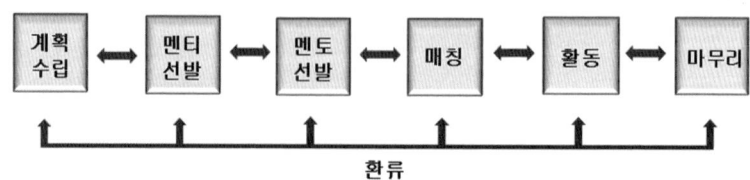

동반성장 멘토링의 운영 프로세스

(2) 단계별 운영전략

가. 운영 단계

Single과 Muller(2001)의. e-Mentoring 시스템에서는 멘토링 운영 과정을 계획, 구조화된 실행, 평가로 구분하였다(최정재, 2008). 이 연구에서는 이를 참고로 하여 동반성장멘토링 운영을 준비단계, 활동단계, 성찰단계, 마무리단계로 제안 하였다.

준비 단계는 멘티 선발 후 멘토를 선발하여 멘티의 요구조사를 바탕으로 매칭과 사전교육이 이루어지는 단계다. 활동단계는 멘티들의 요구가 반영된 다양화·다원화 된 프로그램으로 멘토가 배정되고 멘토링 활동이 진행되는 단계이다. 활동에 대한 중간평가, 문화체험활동, 멘토들의 역량 강화를 위한 정기적인 멘토교육 등 멘토와 멘티의 소통과 배려가 일어나는 단계이다. 성찰 단계는 일회성으로 끝나는 것이 아니라 멘토링 활동 전과정에서 이루어진다. 또한 멘토들이 스스로 참여하는 동아리 모임을 통해 자신들의 활동에 대해 자신의 감정을 돌아보고 멘토링의 의미에 대해 생각해 보는 단계이다. 마무리 단계는 멘토링 종료 후 우수사례를 나누고 멘토와 멘티가 서로에게 감사의 마음을 전하고 멘토링 학습을 통해 멘토와 멘티 모두가 만족하는 동반성장하는 단계이다. 그 후 마무리 단계에서 끝나는 것이 아니라 환류되어 그 다음 사업에 투입된다.

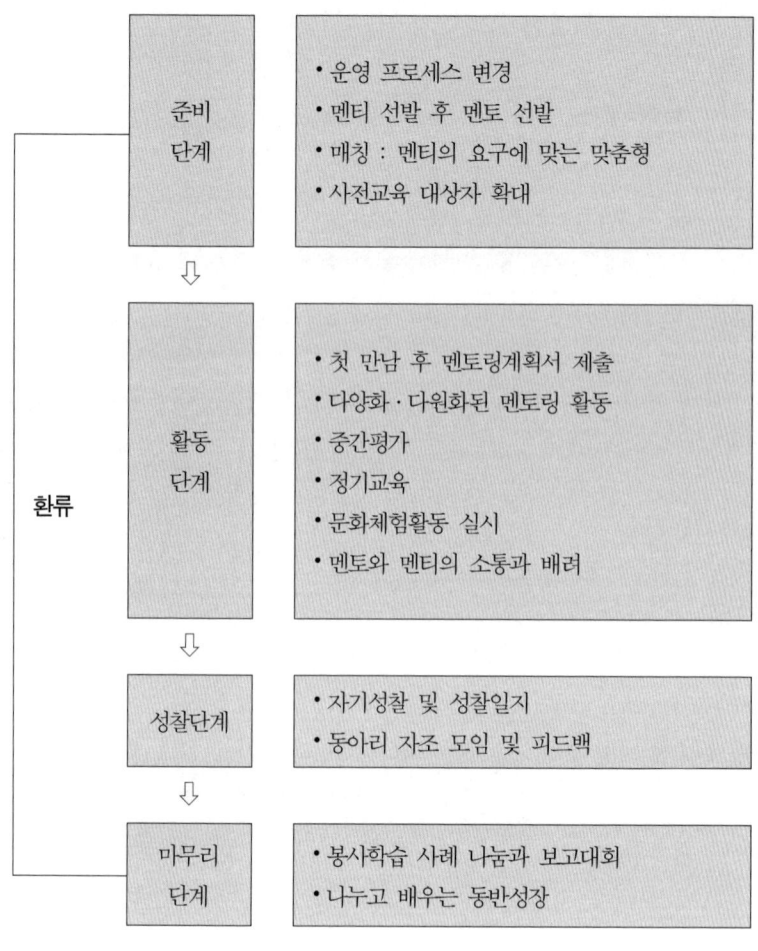

동반성장 멘토링 운영 단계

나. 운영 전략

가) 준비단계

첫째, 멘토링 운영 프로세스를 멘토 중심에서 멘티 중심으로 전환하여야 한다. 대학생을 활용한 다문화멘토링 운영 프로세스는 계획이 수립되고, 참여대학을 선정하고, 멘토를 선발, 멘티 발굴 후 매칭이라는 운영 프로세스로 진행된다. 그러나 동반성장 멘토링은 멘티모집 시 멘티들의 요구를 파악하여 멘토를 모집하고 면접을 통해 멘토를 선발하여 멘티의 요구에 맞는 멘토를 매칭하는 것이다.

둘째, 사전교육의 대상자를 확대하고 정기교육을 실시하여야 한다. 다문화멘토링은 교육소외계층을 줄이고 건강한 사회인으로 성장 할 수 있도록 지원하는 프로그램으로 다문화와 다문화가정 학생에 대한 사전 지식이 매우 중요하다. 멘토의 역량 강화와 다문화에 대한 이해를 높이기 위해 멘토들에 대한 사전교육은 선택이 아닌 필수로 하고, 일회성교육이 아닌 정기적인 교육이 실시되어야 한다. 또한 정기적으로 교육을 실시하여 멘토의 역량을 강화시켜야 한다. 멘토의 역량은 멘토링의 질과 연결되기 때문에 멘토에 대한 교육은 일회성에서 끝나지 말고 멘토링이 끝날 때 까지 지속적으로 이루어져야 한다.

멘토뿐만 아니라 멘토링을 담당하고 있는 관련기관의 담당자들도 사전교육을 반드시 이수하여야 한다. 대학담당자의 경우 대학의 학생처나 봉사학습센터에서 장학사업이나 봉사와 관련된 업무를 맡고 있는 담당자가 멘토링 사업을 진행하는 경우가 많다. 정규직인 경우보다 비정규직인 경우가 많아 업무의 노하우가 쌓이기도 전에 담당자가 자주 교체된다. 잦은 교체와 다문화에 대한 인식 부족은 멘토링 운영의 부실로 이어진다. 멘토링은 멘티에 대한 교육적 지원이 초점이 되기 때문에 교육청과 각급학교의 원활한 협조가 무엇보다 필요하다. 그러나 담당장학사나 학교 담당자들의 무관심으로 인해 멘티 발굴에서부터 멘토링이 필요한 멘티들에 대한 지원이 제대로 이루어지고 있지 않은 것으로 나타나고 있다. 특히 학교담당자의 경우에는 멘티 발굴에서 멘토링 관리까지 멘토링과 관련하여 긴밀한 협조가 요구된다. 사전교육을 통해 다문화멘토링에 대한 취지를 충분히 설명하고 다문화에 대한 이해를 높여야 한다. 이에 대학담당자, 다문화멘토링 담당 장학사, 학교 담당자들에 대한 사전교육은 반드시 실시되어야 한다.

셋째, 각 대학 담당자들의 중요한 역할 중의 하나가 바로 매칭이다. 멘토링의 매칭은 원칙적으로 멘티의 요구조사를 바탕으로 멘토를 배정해야 한다. 그러나 현실은 멘토들에게 근로장학금을 지급하기 위한 멘토 중심으로 매칭이 이루어지고 있어 멘토링의 수요자인 멘티들이 멘토링 지원을 받지 못하는 사각지대가 발생하고 있다. 대학생 멘토들의 경우 학교 근처나 집 가까이에 있는 멘티를 선호 하다가 시간이 맞지 않으면 포기하는 경우도 발생한다. 어렵게 매칭이 되는 경우도 멘티의 요구보다는 시간과 거리가 맞아서이다. 봉사와 멘토링은 수요자가 있어야 활동이 가능하다. 반드시 멘티의 요구를 파악하여 필요한 멘토를 선발하고 그 후 멘티의 요구에 맞게 매칭이 이루어져야 성공적인 멘토링이 될 수 있다.

나) 활동단계

첫째, 첫 만남 후 멘토링 계획서를 제출함으로써 멘토링에 대한 책임감과 의지를 다짐하게 되는 단계이다. 멘티를 배정 받은 멘토는 반드시 멘티의 학교를 방문하기 전에 학교담당자와 연락을 취한 후 방문약속을 잡아야 한다. 그 후 학교를 방문하여 멘티와 담당교사, 그리고 학부모의 요구를 다시 한번 확인하고 멘티에 대한 정보를 수집하여 앞으로 진행할 멘토링에 대한 계획서를 제출하여야 한다.

둘째, 멘티의 요구가 반영된 프로그램의 다양화·다원화가 이루어져야 한다. 한국장학재단 멘토링은 다문화가정 학생들을 결핍적인 존재로 인식하여 성적향상을 위한 학습위주의 획일적인 멘토링으로 진행되고 있다. 멘티를 바라보는 결핍론적 관점에서 다문화가정 학생들의 장점을 개발하여 글로벌 인재로 육성하는 잠재력을 키워주는 관점으로 변화되어야 한다. 멘티의 흥미와 참여도를 높이기 위해 학습위주에서 놀이 및 체험활동, 학습지도, 예체능, 진로지도, 이중 언어 등 프로그램을 확대하여 신나고 재미있는 하고 싶은 멘토링이 될 수 있도록 하여야 한다.

셋째, 중간평가로 멘토링은 5월에 시작하여 다음년도 1월에 종료된다. 약 9개월간 진행되면서 멘토 기준으로 약 120시간정도 멘토링이 진행된다. 멘토도 만족하고 멘티도 만족하는 멘토링이 되기 위해서는 멘토링 중간에 점검하는 과정이 필요하다. 중간평가 결과를 분석하여 남아 있는 멘토링 활동에 피드백을 제공하여야 한다.

네 번째, 정기교육을 실시하여야 한다. 멘토링을 사업으로 볼 것인가, 교육으로 볼 것인가에 따라 관점과 운영 방식이 달라진다. 다문화멘토링은 다문화교육의 일환으로 교육적인 측면이 강하다. 그렇기 때문에 멘토들의 역량을 강화하기 위해 형식적인 일회성 교육에서 끝내지 말고 정기적인 교육을 실시하여야 한다. 멘토링 활동에 참여하는 대학생 멘토도 아직은 어린학생들로 이들 대부분은 교직을 전공하지 않는 상태로 멘티를 만나게 되고 멘티들에 대한 교수-학습법이 서툴러서 어려움이 발생하게 된다. 그렇기 때문에 9개월간 진행되는 멘토링의 성공과 효과를 위해서도 지속적인 교육이 이루어져야 한다. 정기교육 때 우수 멘토를 활용하여 성공적인 멘토링 사례를 발표하게 함으로써 멘토링 노하우를 멘토들이 공유할 수 있도록 하는 것도 좋은 방안이다. 멘토의 역량을 강화하기 위해서는 국가근로장학금 외에도 멘토링 운영비가 반드시 지원되어야 한다.

다섯째, 멘토링은 멘토와 멘티의 1:1. 혹은 1:2 형태로 이루어진다. 그러다 보니 자기와 비슷한 문화적 배경을 가진 학생들을 만나 볼 기회가 많지 않다. 개별적으로 이루어지는 멘토링의 단점을 보완할 수 있는 방안이 바로 문화체험활동이다. 이들이 서로 만날 수 있는 기회를 제공해 긍정적인 대인관계를 형성할 수 있도록 하는 일은 매우 중요하다. 실제로 문화체험활동에 참여한 멘티들은 멘토와의 관계가 체험전보다 훨씬 좋아졌다고 말한다. 멘토 또한 체험활동 후 멘티와의 라포 형성이 더 좋아졌다고 답했다. 다양한 문화체험을 제공함으로써 멘토와 멘티의 라포 형성과 대인관계 형성에 긍정적인 결과를 가져올 수 있다.

여섯째, 멘토와 멘티의 소통과 배려로 멘토링은 멘토와 멘티의 관계형성에 초점을 맞춘다. 멘토링을 학습을 하는 행위나 특정한 목적을 수행하는 튜터링이나 코칭으로 보게 되면 성과를 중요시하게 된다. 이는 멘토링이 가진 관계지향이라는 본래의 취지와 맞지 않는다. 멘토와 멘티가 라포를 형성하여 소통과 배려로 상호작용하는 과정이 중요하다.

다) 성찰 및 피드백

성찰은 일회성으로 그치는 것이 아니라 멘토링 활동 내내 정기적으로 이루어져야 한다. 멘토링 활동에 대한 자기 생각과 반복적인 성찰은 멘토링 활동 내용을 향상 시킬 수 있다. 멘토들은 자신들이 하고 있는 멘토링 활동이 멘티에게 도움이 되고 있는지에 대한 고민을 가지고 있다. 대부분의 멘토들은 멘티를 맡으면서 멘티를 책임져야 한다는 사명감을 가지고 실제로 책임감 있게 행동한다. 그러나 멘토 또한 경험이 부족한 학생들인지라 멘토링 활동에 대한 자기 스스로가 되돌아보고 생각할 시간이 필요하다. 이러한 성찰의 시간을 가짐으로써 멘토는 한 단계 더 성숙해지고 성숙한 만큼 멘티에게 돌려주기 때문에 멘티 또한 영향을 받는다. 멘티 또한 자신이 멘토링 활동에 참여해서 성실하게 참여하였는지 원하는 성과를 얻었는지 등 멘토링 활동에 대한 점검의 시간이 필요하다.

멘토링 활동에 대한 피드백을 제공하는 것도 중요하다. 개별프로그램으로 진행하는 멘토들의 어려움과 정보를 공유할 수 있는 네트워크를 형성할 수 있는 동아리 활동을 활성화 하여 정보를 공유할 수 있는 기회의 장을 제공하는 일은 매우 중요하다. 멘토링 활동은 다양한 멘티들 만큼이나 다양한 변수들이 등장한다. 멘토들이 전부 교직과목을 이수한 것이 아니기 때문에 멘토링 과정에서 많은 어려움을 겪는다. 그 때마다 담당자가 대응하기에는 여력이 부족할 수 있다. 그렇기 때문에 멘토들이 서로의 어려움을 해소하고 정보를 공유할 수 있도록 온라인이나 오프라인 모임을 만들어 주는 것은 중요하다. 이 동아리방에서도 경험 있는 멘토는 경험이 부족한 멘토의 멘토가 되어 멘토링 진행에 도움을 제공한다.

라) 마무리 단계

마무리단계에서는 멘토링 종료 후 학교와 기관, 동료 멘토로부터 인정과 축하를 받는 단계다. 멘토와 멘티가 서로에게 감사의 마음을 전하고 동료 멘토들과 9개월 동안의 성과를 공유하고 잘한 점은 칭찬해 주고 부족한 점은 보완하는 의미 있는 시간이다. 동반성장 멘토링은 일방적인 관계가 아닌 쌍방 간의 지속적인 '관계'를 기반으로 하고, 멘토와 멘티의 상호작용 속에서 긍정적인 에너지를 배출하여 동반성장하는 활동이라고 할 수 있다. 멘토링에 대한 평가의 시간을 가지는 단계로 멘토와 멘티가 행복도와 만족도에 대한 평가를 하는 시간이다. 마무리 단계에서 끝나는 것이 아니라 환류 되어 그 다음 사업에 투입된다.

(3) 기대효과

가. 멘티와 학부모

첫째, 멘티의 사회성 발달과 자아존중감이 향상된다. 멘티들은 형이나 누나 같은 대학생 멘토와의 만남을 통해 대인관계가 향상되고, 멘토링 활동을 통해 멘토의 칭찬과 격려로 자아존중감이 향상된다. 둘째, 멘티의 요구에 따라 수준별·단계별 맞춤형 수업이 가능하다. 멘티들의 요구를 반영하여 멘토를 선발하고 배정하여 멘토링을 진행하기 때문에 멘티의 만족도가 높아진다. 셋째, 멘토링 프로그램의 다양화로 선택권이 생긴다. 기존의 학습위주의 획일화된 멘토링에서 멘티들의 요구에 맞혀 프로그램이 다양화 되면서 멘토링의 참여 동기가 될 수 있다. 넷째, 농·어촌 지역의 사각지대가 줄어

든다. 멘토의 대상을 자원봉사가 가능한 지역의 인적자원을 활용함으로써 참여한 멘토에게는 자긍심을 심어주고, 신청한 멘티는 혜택을 받을 수 있어 사각지대가 줄어드는 효과가 있다. 또한 멘토의 대상을 확대하면 질 좋은 멘토링을 받을 수 있는 기회가 더 늘어난다. 여섯째, 사교육에 대한 경비가 줄어든다. 멘티들이 필요로 하는 멘토링을 받음으로서 학부모들은 사교육비를 절감할 수 있는 효과가 있다. 경제적 어려움에 처한 다문화가정의 학생의 경우 멘토링을 통해 멘티에게 필요한 교육지원을 일대일로 받음으로 사교육비를 절감하면서도 만족도가 높아진다.

나. 멘토

첫째, 멘토 스스로 성장한다. 자발적이든 비자발적이든 멘토링에 참여한 멘토들은 멘토링을 진행하기 위해서 교육과정을 스스로 재구성하고 다양한 방법을 도입하는 등 멘토링 과정에서 스스로 성장하는 기회를 제공 받는다. 둘째, 멘토에게 봉사학습 기회가 제공된다. 지역사회에 자신의 재능을 나눌 수 있는 기회를 제공 받으면서 멘토 본인도 봉사학습을 통해 성장한다. 셋째, 대인관계 기술과 자기효능감이 증가한다. 멘토들은 멘티와 다양한 경험을 통해 상호작용하면서 대인관계 기술이 향상되고 멘티에 대한 책임감과 리더십으로 멘토들의 자기효능감이 증가한다. 넷째, 다문화에 대한 인식이 개선된다. 많은 멘토들이 다문화가정에 대해 경제적, 심리적으로 도움을 주어야 하는 대상으로 접근 했다가 멘토링 활동을 통해 다문화에 대한 고정관념과 편견이 해소되고 다문화사회에 대한 인식과 태도가 변화되는 것으로 나타났다. 다섯째, 멘토의 역량이 강화된다. 자신이 맡고 있는 멘티에 대한 책임감은 멘티를 변화시키기 위해 노력하는 과정에서 성실함으로 이어져 멘토의 역량이 강화될 수 있다. 멘토는 동반성장멘토링을 통해 본인도 성장하지만 멘티의 롤모델이 되어 멘티도 성장하는 기회를 제공한다.

다. 관리자와 학교담당자

대학과 학교는 지역사회를 기반으로 한다. 이에 지역사회에 도움을 필요로 하는 멘티들에게 멘토링을 제공함으로써 이들이 건강한 사회인으로 성장할 수 있는 기회를 제공 할 수 있다. 이를 통해 일반학생과 다문화가정 학생들의 교육격차를 줄일 수 있도록 멘티를 지원함으로써 의미 있는 활동을 하고 있다는 자긍심이 높아진다.

3) 모형의 개발과 운영전략의 종합

동반성장 멘토링은 멘토에게는 봉사학습 기회를 제공하고 멘티에게는 맞춤형 멘토링을 제공하여 멘토와 멘티가 배움과 나눔의 공동체를 형성하는데 있다. 동반성장 멘토링의 핵심요소는 맞춤형 상호작용, 봉사학습이다. 핵심요소를 도출하기 위하여 운영사례와 요구분석을 실시한 결과 멘토링 운영사례 분석을 통해 도출된 요소는 멘티 중심, 맞춤형, 운영 형태의 다각화이고, 요구조사를 분석한 결과 도출된 구성요소는 대상의 다각화 요구, 프로그램의 다양화 요구, 만족도 및 동반성장 요구이다. 이 여섯 가지 요소를 토대로 동반성장 멘토링 모형에 필요한 핵심요소를 도출하였다. 동반성장 멘토링의 운영단계인 준비단계에서는 멘티 선발 후 멘토를 선발하여 멘티의 요구조사를 바탕으로 매칭과 사전교육이 이루어지는 단계다. 활동단계는 멘티들의 요구가 반영된 다양화·다원화 된 프로그램으로 멘토가 배정되고 멘토링 활동이 진행되는 단계이다. 활동에 대한 상담 및 피드백, 중간평가, 멘토들의 역량 강화를 위한 정기적인 멘토 교육 및 동아리활동을 통해 멘토링 정보를 공유하게 된다. 성찰단계는 멘토링 활동을 돌아보는 시간으로 성찰일지를 작성하여 함께 공유하는 단계이다. 마무리단계는 멘토와 멘티들이 한자리에 모여 멘토링 성과를 공유하고 멘토링 학습을 통해 멘토와 멘티 모두가 만족하는 동반성장하는 단계이다. 그 후 마무리 단계에서 끝나는 것이 아니라 환류 되어 그 다음 사업에 투입된다.
　동반성장 멘토링의 운영전략의 준비단계에서는 멘토링 운영 프로세스를 멘토 중심에서 멘티 중심으로 전환하여야 한다. 사전교육의 대상자를 확대하고 정기교육을 실시하여야 한다. 멘티의 요구를 파악하여 필요한 멘토를 선발하고 멘티의 요구에 맞게 매칭이 이루어져야 성공적인 멘토링이 될 수 있다. 활동단계에서는 첫 만남 후 멘토링 계획서를 제출해야 한다. 멘티의 요구가 반영된 프로그램의 다양화·다원화가 이루어져야 한다. 상담 및 피드백을 해줄 수 있는 전문가가 필요하다. 중간평가를 실시한다. 멘토링의 질 관리를 위한 멘토를 대상으로 한 정기교육을 실시한다. 문화체험활동을 제공하여야 한다. 멘토들이 소속감을 갖고 정보를 공유하고 어려움을 해소할 수 있도록 소통의 장을 마련해 주어야 한다. 성찰 및 피드백 단계에서는 멘토링 활동에 대해 생각하고 성찰일지를 작성하여야 한다. 마무리 단계에서는 봉사학습의 우수사례를 나누고 보고하는 자리를 마련하고 멘토와 멘티가 멘토링에 대한 평가의 시간을 가지는 단계로 멘토와 멘티의 행복도와 만족도에 대한 평가를 하는 시간이다.

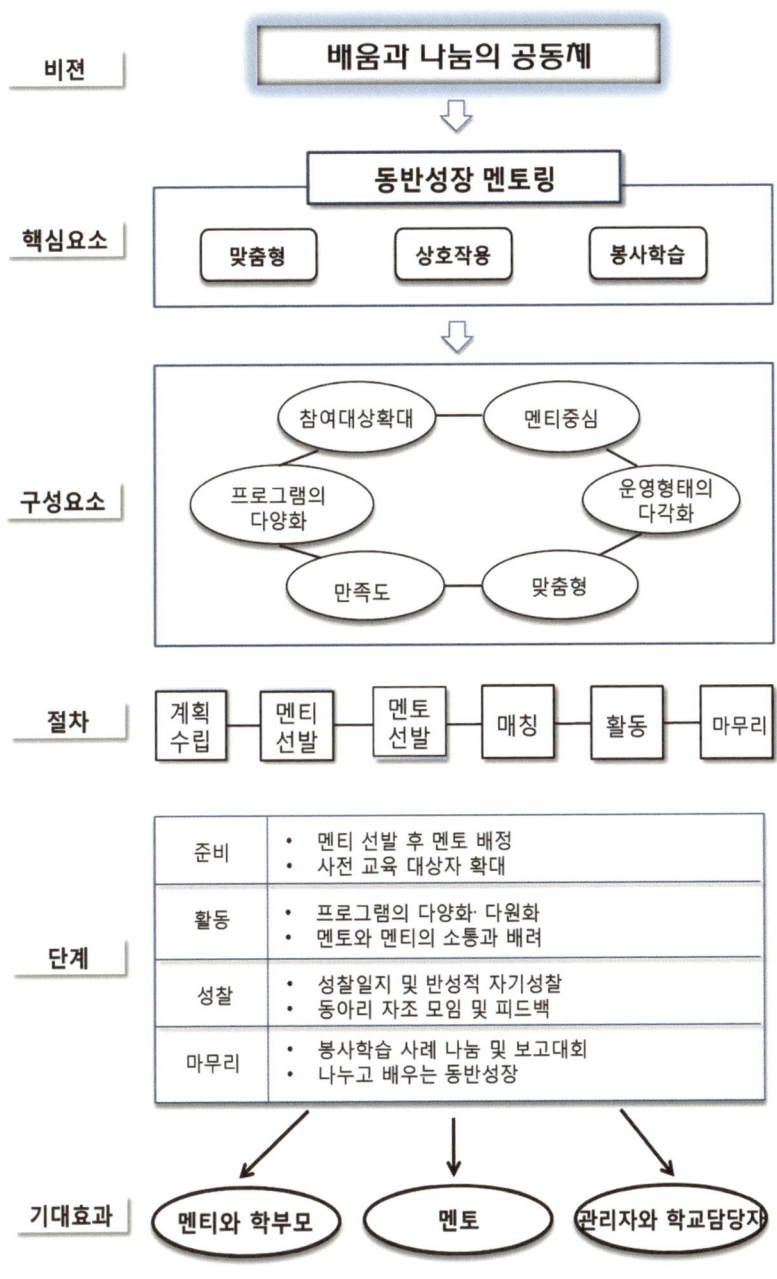

동반성장멘토링 모형의 개발과 운영전략

참고문헌

교육부(2006). 다문화가정 자녀 교육지원 대책.

교육부(2007). 다문화가정 자녀 교육지원 계획.

교육부(2008). 학생 교육 지원 계획.

교육부(2009). 다문화가정 학생 맞춤형 교육 지원.

교육부(2010). 10년 다문화가정 학생 교육 지원계획 계획 요약. 교육복지정책과.

교육부(2011). 다문화가정 학생 교육 지원 계획(요약). 교육복지국 교육복지정책과.

교육부(2012). 다문화학생교육선진화방안. 교육복지과.

교육부(2014). 2014 다문화교육 활성화 계획. 교육부. 학생복지정책과.

교육부(2015). 2015 다문화 학생 교육지원 계획 발표. 2015.3.17일자 보도자료.

교육부(2016). 2016년 다문화교육 지원계획. 교육부. 다문화교육지원팀.

교육부(2017). 2017년 다문화교육 지원계획. 교육부. 다문화교육지원팀.

교육부(2018). 2018년 다문화교육 지원계획. 교육부. 교육기회보장과.

전광석(2008). 위기 청소년을 대상으로 한 멘토의 역량강화 방안에 관한 연구. 청소년 문화포럼, 23, 205-236.

김경준·오해섭·김지연·정익중·정소연(2010). 청소년의 사회적 참여 활성화를 통한 저소득가정 아동지원방안연구1 : 청소년 멘토링활동을 중심으로. 한국청소년정책연구원.

김경준·오해섭·모상현(2011). 청소년의 사회적 참여 활성화를 통한 저소득 가정 아동 지원방안 II : 청소년의 지역사회 참여 패러다임 전환을 위한 멘토링 활성화 정책 방안. 한국청소년정책연구원.

김기영(2014). 다문화멘토링 프로그램에 참가한 멘토의 '동반성장' 사례연구. 다문화교육연구, 7(1), 29.

김민정(2013). 온라인멘토링이 다문화가정 자녀의 학습동기와 자기효능감에 미치는 영향. 인문연구 68, 331-366.

김지연(2010). 청소년 멘토링활동 운영 매뉴얼. 서울 :한국청소년정책연구원.

모경환·최충옥·김명정·임정수(2009). 다문화교육 입문. 아카데미 프레스.

박선옥(2013). 다문화 아동을 위한 멘토링 프로그램 설계와 운영에 관한 연구. **다문화콘텐츠연구**, 4(2), 97-127.

박인옥(2013). 다문화멘토링의 운영과정과 활동유형에 관한 사례연구. 강원도지역 k대학의 다문화멘토링 프로그램을 중심으로. **언어와 교육**, 9(3), 171-192.

박현선(2010). 고위험 청소년을 위한 멘토링 프로그램의 효과분석: 프로그램 과정산물의 매개효과를 중심으로. **사회복지연구**, 41(1), 175-202.

서미옥·배상식(2010). 다문화가정 초등학생과 예비교사의 멘토링에 대한 인식. **열린교육연구**. 18(4), 130-151.

선필호(2010). 다문화가정 청소년 복지서비스 전달체계의 원칙과 효과성에 대한 인식 연구. 명지대학교. 박사학위논문.

손영희(2011). 다문화가정 학생 멘토링 개선 방안 연구. **다문화교육**. 2(3), 59-86.

손영희(2015). 다문화멘토링의 운영사례와 요구분석을 통한 멘토링 모형 개발. 경기대학교. 박사학위논문.

송진웅(2008). 사대생을 활용한 멘토링 사업. 교육과학기술부.

여성가족부(2012). 전국다문화가족 실태조사. 여성가족부.

여성가족부(2015). 전국다문화가족 실태조사. 여성가족부.

은혜경(2013). 방송대 다문화멘토링 모형 개발. 정책과제 제12권.

윤경원·엄재은(2009). 다문화멘토링에 관한 질적 연구. **교육사회학연구**, 19(3), 101-124.

오성배(2005). 코시안 아동의 성장과 환경에 관한 사례 연구. **한국교육** 32(3), 61-83.

이성순(2014). 다문화가정학생 멘토링의 운영현황과 개선과제. **다문화콘텐츠연구**, 16, 89-122.

이재분(2008). 다문화가정 자녀 교육실태 연구 : 국제결혼가정을 중심으로 한국교육개발원 연구보고서.

장경원(2010). Service-Learning에 기반한 '교육봉사'과목 운영 전략탐색. **한국교원교육학회**, 27(3), 373-393.

장정훈(2007). 기업의 공식적 멘토링에서 멘토의 오너십(ownership)과 몰입(commitment)

의 인과요인 규명. 이화여자대학교 박사학위.

전명희(2011). 새터민 아동-청소년을 위한 멘토링 프로그램개발에 관한 연구. **임상사회사업연구**. 8(1), 101-123.

전광석(2008). 위기 청소년을 대상으로 한 멘토의 역량강화 방안에 관한 연구. **청소년문화포럼**, 23, 205-236.

천정웅·남부현·김삼화(2012). 청소년멘토링. 서울 : 양서원.

최진영(2011). 봉사학습으로서 초등예비교사의 다문화가정 학생 멘토링 경험의 효과. 한국교원교육연구, 28(4), 237-263.

최진영·조현희·이선민(2014). 다문화교육 접근법에 따른 다문화교육 정책 및 실행 분석. 초등교육연구, 27(4), 295-322.

최항석(2006). 멘토링 제도의 변천과 변화의 방향성. 시사논단.

한국다문화교육학회(2014). 다문화교육 용어사전. 서울 : 교육과학사.

한국장학재단(2012). 국가근로장학사업과 연계한 2012년도 다문화·탈북학생 멘토링 사업 계획. 한국장학재단.

한국장학재단(2013.) 국가 근로장학사업과 연계한 2013년도 다문화·탈북학생 멘토링 사업 계획. 한국장학재단.

한국장학재단(2014). 2014 다문화·탈북학생 멘토링(교육지원사업) 업무 처리 기준. 한국장학재단.

한국장학재단(2018). 다문화·탈북학생 멘토링사업 시행계획(안). 한국장학재단.

한국장학재단(2018). 다문화·탈북학생 멘토링 표준가이드북. 서울: 한국장학재단.

한정우(2014). 멘토링 프로그램을 통한 대학생의 타문화 이해: 질적 방법을 통한 접근. **청소년학연구**. 21(12), 447-468.

Banks, J. A. (2008). An Introduction to Multicultural Educatiom, 4/E. 최충옥외(역). 『다문화교육입문』. 서울 : 아카데미프레스.

Darwin, A. (2000). Critical reflections on mentoring in work settings. *Adult Educational Quarterly*, 50(3), 197-211.

Kram, K. E.(1985). Mentoring at work: Development alrelationships in organizational life. Glenview, IL: Scott, Foresman. leadership. *Journal of Vocational. Behavior*. 65, 255-275.

Murray, M.(2001). *Beyond the myths and magic of mentoring*. New York, NY: John wiley & Sons, Inc.

Scandura, T. A., & Williams, E. A. (2004). Mentoring and trans for mational

Shea, F. G.(2002). *Mentoring: How to develop successful mentor behaviors*. Menlo Park. CA: Crisp Learning.

Tierney, J. P., Grossman, J. B., & Reach, N. L., (1995). *Making a difference: An impact study of Big Brothers Big Sisters*. Philadelphia, PA: Public/Private Ventures.

홈페이지

행정안전부 : http://www.moi.go.kr/
보건복지부 : http://www.mw.go.kr/
여성가족부 : http://www.mogef.go.kr/
휴먼네트워크 : https://www.humannet.or.kr/
법무부 : http://www.moj.go.kr/
네이버 지식백과 : https://terms.naver.com/

제II부

멘토-멘티 동반성장 이야기

1. 어서와, 멘토링은 처음이지 - 슈퍼바이저의 이야기
2. 편견을 극복하고 성숙해진 멘토의 성장이야기
3. 마음을 열고 행복을 찾은 멘티의 성장이야기

* 멘티의 성장이야기에 등장하는 멘티의 이름은 가명으로 처리하였습니다.

1. 어서와, 멘토링은 처음이지
― 슈퍼바이저의 이야기

인생의 멘토를 만나다

김려령의 소설『완득이』는 꿈도, 희망도 없는 소심한 반항아 완득이와 유독 완득이에게만 오지랖이 넓은 담임 동주와의 유쾌하고 가슴 따뜻한 이야기이다.

"야 인마, 도완득"
"야 인마, 도완득!"

그것이 시작이었다. 동주가 완득이의 이름을 불러 주면서 그의 일상이 꼬이기 시작했다. 꿈도 욕심도 없이 하루하루를 대충 살아내는 완득이에게 옆집에 사는 담임 동주의 간섭이 시작된다. 장애를 가진 가난한 아버지, 필리핀에서 오신 어머니, 말을 더듬는 삼촌 등 밝히고 싶지 않은 가정사와 사생활을 반 아이들 앞에서 폭로하고 시도 때도 없이 불러대며 괴롭힌다. 자신을 괴롭히는 담임을 죽여 달라고 교회에 가서 기도하는 완득이에게 기도는 오래 오래 정성을 다해서 해야 한다고 조언한다. 순간 웃음이 터져 나왔다. 모름지기 교사는 사랑과 애정을 가지고 아이들을 따뜻하게 품어주고 이해해주는 사람이라고 여겨왔던 나의 고정관념이 깨져버렸다. 동주는 교사의 권위와 존경과는 거리가 먼 막말과 독특한 교육관으로 학생들에게 '똥주'라 불린다. 그런 그가 그림자처럼 살아가는 완득이를 불러내면서 소리친다.

"가정형편이 뭐 어때서?"
"어머니가 필리핀에서 오신 게 뭐 어때서?"
"아버지가 너보다 키가 작은 게 뭐 어때서?"

담임 동주는 자신이 왜 숨어야 하는지 조차도 모른 채 너무 오래 숨어 있어 할 수 있는 게 숨는 거 밖에 하지 못하는 완득이를 세상 밖으로 불러낸다. 그리고 자신이 가진 환경으로 인해 숨어 버리는 것이 최선이라고 생각했던 완득이에게 평범한 하루하루가 모여 근사한 미래가 완성된다는 것을 알려준다. 무한한 관심과 따뜻한 가슴으로 그림자처럼 숨죽이고 숨어 있던 완득이에게 이제는 나와도 괜찮다고 손 내밀고 어깨를 다독인다. 아무도 너의 인생을 건들릴 수 없고 네 인생은 네가 살아내는 것이라고 말해 준다. 자신이 하고 싶은 일을 찾아내고 새로운 삶을 시작한 완득이에게 있어 동주는 인생의 멘토이다.

현재 내가 하고 있는 일은 '다문화멘토링'으로 학교생활과 일상생활에 어려움을 겪고 있는 다문화가정 학생들에게 대학생 멘토를 보내 1:1로 학습지원, 진로상담 및 정서적인 지원을 하고 있다. 2010년부터 해온 일이 횟수로 8년째가 되어간다. 옷깃만 스쳐도 인연이라는데 그동안 대학생 멘토 2000여 명과 다문화가정 멘티 3000여 명이 멘토링을 통해 새로운 만남을 가졌다. 감사하게도 멘토링으로 맺어진 인연이 지금까지도 이어져 연락을 주고받는 멘토와 멘티들이 있다. 오랜 기간 멘토링 사업을 진행하다보니 좋은 인연과 가슴 벅찬 일도 많았지만 상처 받고 도망가고 싶은 적도 많았다. 다문화멘토링이 진행되기 위해서는 단순히 멘토와 멘티의 매칭에서 끝나지 않는다. 대학생 멘토, 멘티, 그리고 학교 담당교사, 대학담당자, 그리고 멘티 학부모까지 연결되어 있다. 그러다 보니 간단하게 보이는 문제도 이들 모두를 아우르다 보면 에너지 소모도 크고, 상처 받는 일도 부지기수이다. 그럼에도 불구하고 포기하지 않고 고단한 일상을 버틸 수 있는 힘은 멘토링을 통해 성장한 멘토와 멘티의 변화된 모습 때문이다. 여기에 멋진 대학생선생님 덕분에 아이들이 성장하고 많은 도움이 되었다고 보내주시는 학교 선생님과 학부모님의 격려 문자와 편지들은 고단함을 잊게 한다. 나의 작은 수고로움이 누군가에게 의지가 되고 도움이 되었다는 이야기를 듣는 순간 다시 잘해보자는 전투력이 상승한다. 이렇듯 지금은 내 인생의 가장 중요한 부분을 차지하고 사명이 되었지만 처음부터 다문화멘토링에 대한 소명의식이 있었던 것은 아니다.

아이들이 성장하고 바쁜 남편으로 인해 혼자 있는 시간이 많아지면서 늦은 나이에 공부를 다시 시작 하였다. 그 때 시작한 공부가 다문화교육이다. 특별한 사회적 사명감이나 정의감이 있었던 것은 아니었다. 오빠가 국제결혼을 하고 조카가 태어나면서 다문화가족으로 살아가는 일이 쉬운 일이 아닌 것을 알게 되었다. 그래서 기왕에 하는 공부라면 우리가족에게 도움이 되는 공부를 하는 것이 좋을 것 같았다.

대학원에 입학을 하고 나서야 알았다. 동기 중 나를 제외한 모두가 초·중·고 교사들로 이미 학교나 교실에 다문화가정 학생들을 지도하고 있었다. 그야말로 나만 교사그룹에 낀 교사가 아닌 소수자였던 것이다. 새로운 수업 내용 따라가기도 힘들고 멘토와 멘티라는 용어도 헷갈려하는 내게 지도교수님께서 다문화멘토링을 운영해 보라고 하셨다. 그때까지만 해도 이렇게 오랜 시간 멘토링을 할 줄 몰랐다. 아니 멘토링이 내 인생의 우선순위가 될 줄은 몰랐다. 교수님은 힘든 고비마다 격려와 질타로 집과 가족 밖에 몰랐던 나를 세상 밖으로 나오게 해 주셨다. 건강하고 따뜻한 세상을 만드는 일에 한쪽 다리를 거칠 수 있도록 해 주셨다. 나에게도 동주 같은 인생 멘토가 생긴 것이다.

완득이나 나처럼 누구나 인생의 멘토를 만날 수 있는 것은 아니다. 아니 누군가의 멘토가 되어 주는 일은 마음처럼 쉽지 않다. 감사하게도 내 주변에는 누군가의 조력자, 언니, 누나, 인생의 가이드가 되어 주는 멘토들이 많다.

바로 다문화멘토링 활동에 참여하고 있는 대학생 멘토들이다.

다문화멘토링이 뭔가요?

"제가 올해 다문화를 담당하게 되었는데 다문화멘토링이 어떻게 진행되는가요?"
"제가 다문화는 처음인데요. 어떻게 해야 할지 모르겠어요?"
"저도 다문화는 처음인데 잘 부탁드립니다."

다문화멘토링 거점대학을 수년째 하다 보니 매년 멘토링이 시작되는 학기 초가 되면 각 급 학교와 대학 담당자들이 공통적으로 하는 질문이다. 멘토링 운영기관의 담당자들이 자주 바뀌다 보니 해마다 벌어지는 현상이다.

다문화멘토링은 교육부가 급증하는 다문화가정 학생들의 교육문제가 대두되자 학습결손 방지와 학교 적응 등을 지원하기 위해 2006년 처음으로 국가차원에서 '다문화가정 자녀교육 지원 대책'을 마련하여 '대학생 멘토링'의 대상을 다문화가정 학생에게 확대 실시하면서 시작 되었다. 대학생 멘토가 1:1로 다문화가정 학생인 멘티의 학교로 찾아가서 학교생활 적응 및 기초 학력 향상을 위해 기초학습, 진로상담 및 문화교류 활동 등을 지원한다. 대학생 멘토는 다문화가정 학생들이 가정 내에서 겪는 문제나 또래와의 관계 형성 시 생기는 문제 및 우울 불안감. 또는 미래에 대한 두려움, 자신에 대한 정체성 형성을 도와주는 친구, 스승이자 롤모델이 되어 멘티에게 긍정적인 효과를 제공하는 역할을 하게 된다. 멘토링 활동기간은 매년 4월부터 다음 해 1월까지이며 멘토와 멘티는 주 1~2회 정도 지속적인 만남을 통해 서로에 대한 친밀감을 형성하고 인간적인 상호작용을 하면서 동반 성장한다.

멘토링에 참여하는 멘토들처럼 누군가의 삶을 함께 한다는 것은 생각처럼 쉬운 일이 아니다. 자신의 시간과 옆자리를 내어주며 멘티에게 좋은 사람이 되고자 노력하는 멘토들을 보며 나 또한 그들에게 도움이 되고 싶었다.

하지만 첫 해에는 마음과는 달리 많은 시행착오가 있었다. 좋은 의도로 시작한 멘토링 이었지만 멘토들의 역량에 따라 멘토링 활동 결과가 달랐던 것이다. 물론 멘토링은 결과보다는 과정이 더 중요한 활동이다. 그럼에도 불구하고, '왜, 같은 시간을 투자했는데 멘토링 결과는 다를까?'에 대해 고민을 많이 했다. 그러면서 멘토링이 무엇인가? 누구를 대상으로 하는가? 멘토링의 효과는 무엇인가? 왜, 다문화가정 학생들을 위한 멘토링이 필요한가? 어떻게 해야 멘토와 멘티 모두에게 좋을 것인가?를 신중하게 생각하고 방법을 찾기 시작했다.

물론 한국장학재단에서 멘토링 운영 매뉴얼을 제공한다. 그러나 획일화된 매뉴얼은 멘토 수가 많은 우리대학에 적용하기에는 많이 부족했다. 우리대학만의 운영 매뉴얼이 필요했다. 처음과 마무리, 운영을 어떻게 하면 좋을까를 고민하며 우리대학 실정에 맞는 멘토링 운영 매뉴얼을 만들게 되었다. 멘토링 운영단계를 사전준비단계, 활동단계, 성장단계, 마무리단계로 나누었다. 그리고 각 단계별에 따른 세부항목들을 배열하고 단계별로 필요한 요소들을 계획하여 실행하였다. 사전준비단계에서는 멘토 모집 공고(홍보), 멘토 선발(면접), 멘토와 멘티 매칭, 사전교육, 첫 미팅 후 멘토링 계획서 제출하게 하였다. 실질적인 활동 단계에서는 동아리 결성 및 자체모임, 자체 모니터링, 문화체험활동, 정기교육, 상담 및 피드백을 제공하여 멘토들이 소속감과 책임감을 가지고 할 수 있도록 하였다. 성찰단계는 활동에 대한 성찰 및 반성의 단계로 멘토링에 참여한 모든 멘토들에게 멘토링 수기를 제출하게 하였다. 그리고 마지막 마무리단계에서는 1년 가까이 고생한 멘토와 멘티를 격려하고 칭찬하는 자리를 마련하여 자긍심을 가질 수 있게 하였다.

멘토의 마음가짐과 역량에 따라 멘토링의 질이 달라지듯이 담당자가 어떤 마음가짐으로 운영하느냐에 따라 멘토링의 결이 달라진다. 멘토들에게만 애정과 관심이 필요한 것이 아니다. 전체를 아우르는 담당자들의 의식과 마음가짐, 그리고 관심이 무엇보다 필요하다.

오랜 기간 동안 멘토링 사업을 운영하다 보니 다문화멘토링을 운영하는 각급 학교 담당자나 대학 담당자들이 고민하고 힘들어 하는 모습들을 자주 보게 되었다. 우리대학에 적용한 방법이 최선이라고는 할 수 없다. 그래도 혹시 멘토링 활동에 참여하는 누군가에게 도움이 되지 않을까?라는 생각에 나의 경험을 나누고자 한다.

다문화멘토링이 실제로 어떻게 이루어지는지 알아볼까요?

가장 이상적인 다문화멘토링의 모델은 멘토와 멘티가 서로 상호 호혜적 경험을 갖고 영향을 주는 것이다. 그래서 '다문화멘토링'의 목적은 멘티인 다문화가정 학생들에게는 학교생활 적응 및 기초학력 향상을 위한 멘토링 및 학습기회를 제공하고, 대학생 멘토들에게는 다문화·탈북 가정 및 학생에 대한 이해 및 봉사의식 인식제고에 있다(한국장학재단, 2018).

멘토링 활동에 참여할 수 있는 대상자는 국내출생 자녀 다문화가정 자녀, 중도입국·외국인가정 자녀, 북한이탈주민가정 자녀이다. 그리고 멘토링 활동 기간은 매년 4월부터 다음해 1월까지 진행되는데 멘토링에 참여하는 방법은 멘토와 멘티가 참여 신청서를 제출하는 데서부터 시작된다. 멘토링 참여를 원하는 멘티는 매년 새 학기가 시작되는 3월에 멘토링 신청서를 자신이 다니는 학교에 제출하면 된다. 홍보 부족으로 시기를 놓쳤거나 중도입국으로 멘토링이 필요한 멘티의 경우 추가로 신청서를 제출하면 멘토링에 참여할 수 있다. 이 경우 각 대학에서 멘티 등록 관련서류를 한국장학재단과 교육청에 제출하면 된다. 추가로 멘토링을 신청할 경우에는 보낼 줄 수 있는 멘토가 있어야 가능하기 때문에 지역 대학 담당자와 협의가 필요하다.

대학생 멘토의 지원 자격은 반드시 대학에 재학하고 있어야 하며 멘토링 신청서, 자기소개서 및 지도교수 1인 이상의 추천을 받아 신청하면 된다. 여타의 국가근로와는 달리 소득수준과 무관하며 1년 이상 지속적으로 참여가 가능해야 한다. 국가근로장학금으로 운영되기 때문에 휴학생이나, 예비 휴학생, 졸업생 대학원생은 해당이 되지 않는다. 멘토는 참여 대학별로 학기

초에 선발하게 된다. 각 대학별로 대학홈페이지나 앱, 현수막, 학과에 협조문을 발송하여 많은 학생들이 지원할 수 있도록 홍보하고 신청서를 받고 있다. 멘토 신청서는 각 대학별로 담당부서에 제출하면 된다. 우리 대학의 경우에는 교직전공 학생들을 우선선발하고 있다. 활동비로 국가 근로 장학금이 지급되기 때문에 소득분위는 해당이 되지 않지만 국가근로 장학사업 및 대학생 청소년 교육지원 사업 참여자는 신청이 제한된다.

누구나 신청은 가능해도 아무나 멘토가 될 수 없다

오랜만에 5년째 멘토링 사업에 참여하고 있는 대학담당자를 만났다. 올해는 작년보다 멘토링 중단율이 적어 일하기가 조금 수월하다고 한다. 그 연유를 물어보니, 그동안은 신청서만 보고 멘토를 선발했다가 우리대학처럼 멘토들에게 면접을 실시했다고 했다. 올해는 속는 셈 치고 교수님들의 협조를 받아 면접을 보고 멘토를 선발했다고 한다. 그랬더니 중단하는 멘토의 비율이 많이 떨어지더라고 다른 대학 담당자에게도 알려줘야겠다고 하였다.

'멘토'라는 말의 기원은 고대 그리스왕국의 오디세우스가 트로이 전쟁을 떠나며 자신의 아들인 텔레마코스를 친구이자 아들의 가정교사였던 멘토르에게 맡기며 잘 보살펴 줄 것을 당부한데서 유래한다. 멘토르는 오딧세이가 돌아올 때까지 텔레마코스의 선생님, 상담자, 그리고 아버지가 되어 그를 잘 돌보아 주었다. 텔레마코스는 멘토르 덕분에 지혜롭고 용감한 청년으로 성장 할 수 있었다. 그 후로 멘토라는 그의 이름은 지혜와 신뢰로 한 사람의 인생을 이끌어 주는 지도자라는 의미로 사용되고 있다(손영희, 2016).

다문화멘토링 활동에 참여하는 대학생 멘토는 멘티에게 사랑과 관심을 보여주고 지지해 주는 보호자, 멘티들이 목표나 진로를 정하는데 닮고 싶은 롤모델, 그리고 멘티가 중요한 결정을 할 때 조언해 주는 조언자의 역할을 한다. 그러기 때문에 역량 있는 멘토를 선발하는 일은 매우 중요하다. 우리 대학은 2단계로 멘토를 선발해오고 있다. 1단계는 서류전형, 그리고 2단계는 면접이다. 1차 서류 전형는 지원동기 및 자원봉사 경력, 활동 가능한 시간, 교수추천서를 토대로 선발한다. 2차 면접 전형은 서류 전형만으로 멘토의 인성을 파악할 수 없기에 이를 보완하여 성실하고 역량 있는 멘토를 선발하는 것을 목적으로 한다. 짧은 시간에 진행되는 면접으로 멘토의 전부를 파악 할 수는 없다. 그럼에도 불구하고 면접을 실시하는 이유는 멘토들에게 자긍심과 소속감을 심어주고 멘토링 사업에 대한 이해와 다문화가정 학생들에 대한 인식을 바꿀 수 있는 동기부여가 되기 때문이다.

우리대학도 처음부터 멘토 선발시 면접을 실시했던 것은 아니었다. 멘토링을 운영한 첫해 여름방학이 끝나자 멘토링 중단율이 높았다. 원인을 살펴보니, 멘티 경우에는 전학이나 멘토링에 대한 만족도가 떨어지는 경우였고, 대학생 멘토는 학습지도 경험 부족 및 처음 생각했던 것 보다 시간과 에너지가 많이 들어가자 중단하는 것으로 나타났다. 멘티의 개인적인 이유도 있지만 멘토의 역량에 따라 멘토링의 내용과 효과뿐만 아니라 진행여부가 달라졌던 것이다. 원인과 문제점을 찾으니 해결방안도 따라왔다. 그 방안중 하나가 바로 역량 있는 멘토를 선발하는 것이었다.

일주일 내내 진행되는 면접은 집단면접으로 한 타임에 7~8명 정도가 한꺼번에 같이 들어간다. 일부러 처음 신청서를 제출한 신규 멘토와 기존에 멘토링을 진행한 기존 멘토와 함께 면접을 진행한다. 기존 멘토에게는 다시 지원하게 된 동기, 1년 동안 활동하면서 가장 보람 있었던 일, 멘토링 활동을 하면서 주의해야 할 점, 그리고 멘토링 활동을 통해 얻게 된 점은 무엇인지에 대한 질문을 실시하여 신규 멘토들이 자연스럽게 선배들의 멘토링 현장 이야기를 들을 수 있는 기회를 제공하고자 하였다. 또한 신규 멘토에게는 다문화멘토링에 대한 구체적인 질문과 멘토링 활동에 있어 가장 중요한 키워드가 무엇인지 질문한다.

멘토 면접은 멘토들이 가장 힘들어하고 긴장하는 시간이기도 하지만 멘토링 활동이 끝나면 면접 때 자신들이 대답한 핵심 키워드를 찾아가고 실천하는 과정이었다고 말하는 멘토가 많았다. 처음에는 매력적인 높은 활동비

때문에 시작했지만 자신들의 행동이 누군가에게 엄청난 영향력을 미친다고 생각하니 멘토링을 소홀히 할 수가 없었다고 한다.

면접을 진행하다보니 예전과는 달리 대학생 멘토 중에 해외 거주 경험을 가지고 있는 경우가 해마다 늘고 있다. 자신들이 해외에 거주할 때 주변의 도움으로 잘 지냈고 이제는 자신들이 그 고마움을 누군가에게 돌려주고 싶다고 말하는 신청자들이 늘고 있다. 그러나 아직까지는 '다문화'와 '다문화가정'을 혼용해서 사용하고 자신들이 그들을 도울 수 있을 거라는 막연한 생각을 가지고 참여한 경우가 더 많았다. 면접을 보면 대부분의 멘토들이 이구동성으로 자신이 가진 재능을 나누고 그들을 도와 줄 것이라고 대답한다. 그러면 나는 이렇게 말한다.

"끝까지 완주해 보세요. 여러분이 더 많이 배우고 변해 있을 것입니다."

매칭만 잘해도 절반의 성공

멘토 선발이 끝나고 나면 멘토와 멘티의 매칭이 시작된다. 매칭의 원칙은 멘티가 요구하는 멘토를 배정해 주면 간단하게 해결된다. 그러나 말처럼 현실에서는 간단하지가 않다. 멘티와 멘토가 원하는 날짜와 시간 그리고 요구하는 희망 멘토링이 맞아야 가능하기 때문이다. 그렇기 때문에 운이 좋으면 한 번에 끝낼 수도 있지만 5~6번 끝에 매칭이 되는 경우도 있다. 실제로 올해 선발된 멘토 지영이는 5번 만에 매칭에 성공했다. 첫 번째는 멘티와 첫 미팅 약속 후 학교를 방문했는데 멘티가 갑자기 안 하겠다고 해서 실패 했고, 두 번째와 세 번째는 멘토링 신청 후 멘티가 다른 학교로 전학을 가서 실패했고, 네 번째는 멘티가 신청서에 작성한 시간과 실제 멘토링 요구 시간이 달라서 매칭이 이루어지지 않았다. 다행이 다섯 번째는 성공했는데 멘토가 중간에 그만 두지 않고 기다려 주었기 때문에 좋은 멘티를 만나 멘토링 활동에 적극적으로 참여하고 있다.

매칭이 시작되면 면접 때와는 달리 농어촌 지역도 갈 수 있다던 멘토들이 학교 근처에 있는 멘티를 희망하면서 도시지역은 과열현상이 벌어지기도 한다. 그래서 어떻게 하면 형평성에 맞는 매칭을 할 수 있을까를 고민하다 매칭 기준을 마련하여 적용하고 있다. 우선 교직전공자와 비전공자로 구분한 후 교직전공자들에게 우선순위를 적용한다. 1순위는 작년에 활동했던 멘토와 멘티가 계속 멘토링 진행을 원하는 경우로 무조건 우선순위로 매칭 한다. 2순위는 작년에 활동한 멘토, 3순위는 멘티가 원하는 요구 조건에 맞는 시간과 해당학과 멘토, 4순위는 멘토와 멘티의 주소지가 같은 지역 등으로 구분하여, 같은 조건일 경우에는 해당 지역에 거주하는 멘토에게 우선권을 준다. 이는 학기가 아닌 방학에도 멘토링이 중단되는 것을 미연에 방지하기 위해서이다.

이밖에도 매칭시 고려해야 할 점 중 하나가 바로 같은 동성끼리 매칭하는 것이다. 우리학교도 동성끼리 매칭한다는 원칙하에 고학년이 된 여학생과 남자 멘토의 매칭은 피하고 있다. 또 고려해야 할 것 중 하나가 바로 농어촌 지역이다. 도시에 비해 학원이나 문화 시설 등이 많이 부족한 농어촌 지역에 있는 멘티들에게 멘토링이 더 필요하다. 다문화멘토링이 필요한 멘티들이 많지만 대학생 멘토들의 기피로 멘토링 활동에 참여하는 경우는 도시에 비해 적다. 그렇다고 대학생 멘토 탓만 할 수 없다. 대학생 멘토들이 학교 수업이 끝난 후 2시간 넘게 걸려 멘티 학교에 도착하면 멘티 학교는 문 닫을 시간이 되어 멘토링 진행이 어렵다. 학교에서 조금 더 늦은 시간까지 허락해도 여름은 해가 길어 그나마 괜찮지만 겨울이 되면 일찍 어두워져 너무 늦은 시간까지 학교에 남아있는 것도 안전에 문제가 된다. 또한 멘티 집에서 멘토링을 진행하고 싶어도 열악한 멘티의 집과 돌아오는 교통편이 자주 없어 기피하는 것이다. 농어촌 지역에 있는 멘티들이 안타까워 한 명이라도 더 매칭이 될 수 있게 멘토를 설득해서 보내도 첫 미팅 후 왕복 4~5시간 정도 걸리는 멘티 학교를 다녀와서는 못하겠다고 하면 방법이 없다. 그래서 일회성이 아닌 10개월을 진행할 짝꿍을 정하는 매칭 시간은 긴장감이 돈다.

대부분의 매칭은 성공적으로 이루어진다. 그렇다고 모두 매번 성공하는 것은 아니다. 매칭 기준을 정해 놓고 심사숙고하여 진행해도 실패하는 경우가 있다. 다음 두 사례가 그렇다.

"안녕하세요 안산에 있는 00초등학교입니다. 저희 학교에 오는 이정화 멘토가 있는데, 죄송하지만 바꿔주실 수 없나요?"
"이정화 멘토에게 무슨 문제가 있나요?"
"아니예요. 멘토는 너무 성실한데 학교 관리자들이 5학년 여학생에게 남자 멘토는 아닌 것 같다고 교체를 원하셨어요."
"네, 아닌데 제가 5학년 고학년이라 여자 멘토로 배정했는데요."
"저도 이름만 보고는 그랬어요."

여름 방학을 며칠 안 남겨두고 학교에서 온 전화에 놀라 전후 사정을 알아보니, 매칭시 00초등학교에 있는 A멘티에게 3명의 멘토가 하겠다고 신청을 했다. 담당자인 난 멘티가 원하는 요일과 과목, 그리고 멘토가 할 수 있는 시간과 학과를 고려하여 이정화 멘토로 우선배정을 해 주었다. 그동안 사전 교육이나 정기교육 때 본인도 아무 말이 없어서 문제가 없다고 생각하고 있었다. 그런데 이정화 멘토는 여자가 아닌 남자 멘토였던 것이다. 멘토가 워낙에 성실해서 그냥 뒀는데 관리자가 멘토링 하는 모습을 보고 변경을 요구했던 것이다. 300명의 멘토를 단시간 내에 빨리 매칭하여 학교로 보내야 하는 상황에서 발생한 문제였다. 매번 체크하고 신경을 쓴다고 했는데 구멍이 생긴 것이다.

또 다른 실패 사례는 중학교 2학년 남자 멘티다. 사춘기의 최고 절정에 있던 중학교 2학년 남자 멘티는 학교선생님의 권유로 멘토링을 신청하게 되었다. 희망과목은 수학이었는데 배정 받은 멘토는 디자인학부생인 여자 멘토였다. 대부분의 멘토들은 중학생과 고등학생은 기피한다. 중학생인 경우에는 사춘기가 절정인 시기라 어떻게 접근해야 할지 어렵고, 고등학생 멘티의 경우에는 학습적인 것을 원하는 경우가 많은데 고등학교 과정의 학습지도하는 것이 부담스럽기 때문에 기피 대상이 된다.

　이 남자 멘티도 오랜 시간 멘토가 정해지지 않았다. 그러다 어렵게 멘토가 자신이 해 보겠다고 해서 보내주었는데 첫 미팅과 첫 수업 후, 멘토는 멘티 학교에서 멘티를 기다리고, 멘티는 멘토를 피해 도망하고 하다가 결국에는 중단하게 되었다. 담당교사의 적극적인 개입에도 불구하고 중단된 사연은 바로 멘토링 활동 내용이었다. 수학을 원하는 멘티에게 수학이 자신 없던 멘티가 매번 자신이 잘하는 미술과 관련된 만들기 재료를 가지고 와서 수업을 진행하니 멘티가 흥미를 잃어버린 것이었다.

첫 미팅 그리고 멘토링 계획서

　매칭이 끝나고 나면 멘토링을 시작하기 전에 멘토와 멘티가 만남의 시간을 갖는데 이것이 첫 미팅이다. 첫 미팅은 멘토와 멘티가 앞으로 진행될 멘토링에 대해 협의하는 과정이다. 이 때, 멘토는 단순히 멘티만 만나는 것이 아니라 멘티 학교 담당교사, 그리고 멘티의 부모님과도 소통해야 한다. 그래서 멘토는 첫 미팅 시 약속한 날짜에 그냥 방문하는 것에서 끝나는 것이 아니라 멘티와 관련된 질문을 준비해 가는 것이 좋다. 멘티 부모님 나라의 정보, 멘티의 관심사, 앞으로 진행될 멘토링 내용뿐만 아니라 멘티의 한국어나 학습수준을 테스트 할 것들을 준비해서 가는 것도 좋은 방법이다. 멘티와의 만남이 끝나면 담당교사나 담임교사로부터 멘티에 대한 정보를 파악하고 앞으로 진행될 멘토링 방향이나 내용에 대한 안내 및 진행방향을 설명 드린 후 멘토링 활동에 필요한 도움을 요청한다. 그리고 번거롭지만 멘티와 담당교사와의 만남이 끝나고 나면 멘티 부모님 연락처를 확보하여 연락을 드려 멘토링이 어떻게 진행되었으면 좋은지 의논하는 것이 좋다. 이러한 과정은 1년 가까이 진행되는 멘토링 활동을 도와 줄 든든한 조력자들을 얻는 일이기 때문에 매우 중요하다. 멘토링은 멘토와 멘티 둘 만의 관계에서 끝나지 않는

다. 멘토링이 성공하기 위해서는 담당교사, 멘티 부모님 등 주변의 조력자들의 도움이 필요하다. 아프리카 속담에 '한 아이를 키우기 위해 마을사람 모두의 힘이 필요하다'고 하였다. 다문화멘토링이 그러하다.

첫 미팅은 멘토와 멘티, 그리고 담당교사와 멘티의 부모님이 처음 보는 자리인 만큼 서로가 긴장한다. 그래서 좋은 인상을 주기 위해 첫 미팅을 나가는 멘토들에게 전화예절을 안내하고 있다.

"안녕하세요. 저는 OO대학교의 대학생 멘토 OOO입니다. 다문화·탈북학생 멘토링 활동과 관련하여 연락 드렸습니다. 멘토링 시작하기 전에 찾아 뵙고 멘티에 대한 조언을 듣고 싶습니다. 선생님 편한 시간 말씀해 주시면 그 일정에 맞혀 찾아뵙도록 하겠습니다."

주변에서 성인이 된 대학생들에게 너무 지나친 것 아니냐고 한다. 그러나 요즘 대학생들은 자신들이 듣고 싶은 말만 질문하고 자신의 신분을 밝히는 경우가 거의 없다. 전화를 건 후 자신의 신분을 밝히는 것은 상대방에게 호감과 신뢰감을 준다. 또한 통화하는 당사자인 멘토도 예의를 갖추게 된다. 첫인상이 전부는 아니지만 좋은 첫인상은 멘토링 활동 진행시 도움이 된다. 그래서 학교에 전화하는 예절도 안내하고 있는 것이다.

첫 미팅이 끝나면 멘토는 멘토링 활동계획서를 작성해 제출해야 한다. 멘티 부모님과 담당선생님으로부터 받은 정보와 멘티의 요구를 충분히 반영하여 활동계획서를 작성하면 된다. 물론 멘토링을 진행하다 보면 계획서대로 되지 않을 수도 있다. 그러나 목표가 있고 없고에 따라 시작은 미약하지만 창내할 수도 흐지부지 될 수도 있다. 목표가 있으면 시행착오를 겪게 되더라도 포기만 하지 않으면 목표에 도달할 수 있다. 목표가 꼭 거창하지 않아도 좋다. 받아쓰기 50점 맞기, 동화책 소리 내어 읽기, 문장으로 된 수학문제 풀기 등 작은 것부터 시작해 보는 것도 좋은 방법이다.

사전교육과 정기교육

"선생님, 제 멘티는 말끝마다 계속 빨리 죽고 싶다고 해요~"

학교 선생님의 요청으로 일찍 멘토링을 시작한 멘토가 걱정스러운 얼굴로 상담을 하러 왔다. 멘티는 중도입국학생으로 중학교 2학년이었지만 자신보다 1년 어린 학생들과 학교에 다니고 있었다. 부모님은 두 분 다 재중동포(조선족)로 일찍이 돈을 벌러 멘티 남매를 중국에 두고 한국에 들어오셨다고 했다. 할머니 손에서 성장한 멘티는 중국에서 학교를 다닐 때 조선족이라고 왕따를 당하면서 자살을 시도했던 친구였다. 놀란 부모님이 멘티를 한국에 데리고 왔는데 이곳에서도 적응을 못하고 있었다. 멘티는 폭력적이고 분노에 차있어 학교생활을 하는데 어려움을 겪고 있었다. 상담교사와 6개월 가까이 상담이 이루어졌지만 나아지지 않았다고 했다. 마지막 희망으로 멘토링을 신청하셨다고 했다.

이 멘티에게 작년에 활동했던 경험이 있는 멘토를 보내주었다. 배정된 멘토는 작년에도 우즈베키스탄에서 온 중도입국 멘티를 지도했던 경험이 있었고 사전교육, 심화교육 등 정기교육을 통해 다문화가정에 대한 이해도 높고 역량 있는 멘토였다. 우수 멘토로 멘토링 활동으로 어려움을 겪는 멘토들에게 적극적으로 조언을 해주는 친구였는데 초기에는 멘티가 죽겠다는 소리를 많이 하자 무서워 멘토링을 하지 못하겠다고 하소연을 하였다. 그래서 그 멘토의 등을 치며,

"너 안 들리니? 쟤 살려 달라고 외치는 소리가?"
"진짜 죽을 것 같으면 저렇게 죽겠다고 안 해, 제발 관심 가져주고 살려주세요."라고 하고 있잖니.

다행히 멘토가 다시 한 번 해보겠다고 하였다. 그래서 다른 건 하지 말고

그냥 멘티가 무슨 말을 하든 그냥 들어만 주라고 했다. 진짜 2달이 넘게 일주일에 2~3번씩 2~3시간을 그냥 수원화성을 돌면서 멘티의 이야기를 들어만 주었는데 어느 순간 멘티의 분노가 눈 녹듯이 녹아내렸다. 항상 주변사람들에게 무시당한다고 생각했는데 멘토가 진심을 다해 자신의 말을 들어주자 존중 받고 있다는 생각이 들었다고 했다. 그리고 멘토처럼 누군가에게 힘이 되어주는 사람이 되고 싶다고 하였다. 멘토 혼자였으면 불가능한 일이었을 것이다. 삶을 포기한 한 아이를 위해 모두가 힘을 보태기 때문에 가능한 일이었다. 멘토의 세심한 배려와 성실성으로 멘티가 정서적으로 안정을 취하고 꿈을 갖게 되자 멘티 부모님께서 휴가를 같이 가자고 할 정도로 멘토를 믿게 되었다.

학교에서는 문제아가 되어 친구도 없이 외톨이로, 집에서는 부모의 기대에 부흥하지 못한 못난 자식이 되어 마음 둘 곳이 없던 멘티가 선택한 것이 빨리 죽는 것이라는 말을 들었을 때 가슴이 먹먹했다. 멘토링은 죽음을 생각했던 멘티에게 새로운 꿈을 꾸게 하고 자신이 소중한 존재임을 알게 해 주는 가슴 벅찬 일이다. 교사는 자신이 알고 있는 만큼 가르친다는 말이 있다. 다문화멘토링도 마찬가지로 아는 만큼 더 효과적으로 멘토링을 진행할 수 있다.

그래서 경기대학교에서는 멘토들의 다문화멘토링에 대한 이해를 돕고 멘토의 역량 강화를 위해 사전교육과 심화교육을 실시하고 있다. 특히 사전교육 불참자는 멘토링 활동에 참여할 수 없다. 사전교육 내용은 다문화멘토링의 이해, 다문화사회 및 다문화가정 학생들에 대한 이해, 행정적인 절차안내, 멘토링 성공사례 공유, 멘토의 역할 등으로 진행된다. 심화교육는 2학기가 시작되는 9월에 실시하는데 다문화사회의 이해에 대한 특강, 그리고 우수멘토를 활용하여 '학습적인 멘토링의 접근법', '체험활동 관련 소개', '우수 멘토가 되는 방법, 멘토링 상담' 등 실제 멘토링 활동 중에 참고 할 수 있는 내용 등으로 교육을 진행한다. 멘토링 활동 중간에 심화교육을 실시하는 이유는 멘토링에 대한 중간점검의 차원과, 독려의 의미가 담겨있다. 석 달 정도 지나면 멘토들이 매너리즘에 빠지거나 나태해질 수 있다. 이때 교육을 실시해 초심을 잊지 않도록 마음가짐을 다 잡아 주어야 중도에 포기 하지 않고 끝까지 갈 수 있다. 이 외에도 정기교육을 통해 멘티들의 학습지도나 상담 등 전문가를 초청해 멘토들을 지원하고 있다.

　멘토의 역량 강화를 위한 교육도 중요하지만 멘토를 관리하는 대학 담당자의 마음가짐과 태도도 매우 중요하다. 담당자의 역할에 따라 멘토링의 의미와 운영, 그리고 멘토들의 태도가 달라지기 때문이다. 멘토들이 멘티들의 인생의 롤모델이고, 선생님이고 인생의 가이드이고 상담자이자 후원자인 것처럼 실무자는 여기에 하나 더 슈퍼바이저 역할까지 해 주어야 한다. 실무자는 단순히 배정하고 매칭하고 매달 활동비를 지급하는 존재가 아닌 진심으로 다문화멘토링의 의미에 맞게 멘토와 멘티를 살펴야 한다. 멘티 학교 담당 선생님께 전화도 드려야 하고 중간 중간 활동이 뜸한 멘토는 불러서 무슨 일이 있는지 물어도 보고 고민도 들어주면서 든든한 힘이 되어 주어야 한다. 사전교육 때 멘티에게 어떻게 접근해야 하는지 고민하는 멘토들에게 나는 농담 삼아 이렇게 이야기 한다. "멘티를 애인처럼 생각해라, 그러면 멘토링이 쉬워진다." 오래된 연인이 아닌 사귄지 얼마 되지 않은 사이라면 어떻게 행동할까? 상대에게 잘 보이기 위해 멋있기 꾸미고 상대가 무엇을 좋아할까 고민할 것이다. 그렇게 멘토링을 진행하면 절대 실패하지 않을 것이라고 조언한다. 자기중심적인 사고가 아닌 상대를 배려하면서 하라는 의미이다.

서로를 좀 더 알아가는 시간- 문화체험활동

　멘토링 활동은 단순히 멘티들에게 과외 선생님을 보내주는 활동이 아니다. 그럼에도 불구하고 멘토링 장소가 학교로 제한되고 시간도 방과 후 시간을 활용하다보니 학습위주로 멘토링이 진행되는 경우가 많다. 그러다 보니 저학년의 경우에는 수업 끝나고 바로 공부를 해야 하는 상황이 벌어져 멘토들이 멘토링 진행에 어려움을 겪는다. 멘토링이 멘토와 멘티가 1:1 혹은 1:2

형태로 진행되다 보니 자기와 비슷한 문화적 배경을 가진 학생들을 만나 볼 기회가 많지 않다. 이처럼 제한적이고 학습위주로 이루어지는 멘토링의 단점을 보완할 수 있는 방안 중 하나가 바로 문화체험활동이다.

문화체험활동을 진행하는 이유는 멘토와 멘티의 긍정적인 라포 형성, 멘티에게 새로운 경험을 해 볼 수 있는 기회 제공, 그리고 멘티에게 또 다른 친구와 형, 누나, 동생들과 교류할 수 있는 기회를 제공하여 혼자가 아니라 서로 의지하며 같은 처지에 있는 친구들이 서로에게 힘이 되어 주라는 의미도 있다. 그래서인지 첫 번째 문화체험 활동이 끝나면 그 때 친해진 3~4팀이 모여서 체험활동을 갈 수 있게 지원을 해 달라는 요청이 많이 들어온다.

문화체험활동에 참여하는 멘토는 멘티의 안전을 위해 멘티의 학교나 집에서 멘티를 데려오고 끝나면 데려다 주어야 한다. 멘토가 성실하고 애정이 있어야 참여가 가능한 활동이다. 우리대학은 해마다 3번 정도의 문화체험활동을 실시하고 있는데 신청자를 다 수용하지 못할 정도로 인기가 많다. 2018년에는 롯데월드, 용인 한국민속촌, 분당 잡월드에 다녀왔다. 롯데월드를 다녀오고 얼마 지나지 않아 센터에 들른 멘토가 자기 짝꿍인 멘티가 너무 좋아했다며 "샘, 진욱이가 자기는 롯데월드가 처음이라고 하면서 엄청 좋아했어요."라는 것이다. 나는 멘토가 잘못 들었겠지 했더니 진짜라고 했다. 멘티는 외동으로 부모님이 맞벌이를 해 다문화센터나 유관기관에서 가는 체험활동도 가보지 못했고, 부모님과도 가 본 곳이 없었다고 했다. 그리고 멘티는 부모님이 일을 마치고 돌아오실 때까지 혼자 있는 시간이 많다고 하였다. 그래서 자신을 무척 기다린다고 하였다.

문화체험활동에 참여했던 대부분의 멘토들은 체험활동 후 멘토링을 진행하는 것이 수월해졌다고 했다. 교실이라는 공간과 학습위주의 멘토링에서 벗어나 온종일 같이 지내다 보니 평소에는 하지 못했던 대화가 자연스럽게 나온다고 했다. 멘토링 때는 말이 없던 멘티들도 자연스럽게 자신들의 집안 문제나 친구 문제들에 대해 이야기를 털어 놓기도 한다고 한다. 대화를 많이 하다보니 서로에 대해 더 잘 이해하게 되었다고 한다. 문화체험 활동이 멘토와 멘티의 소통의 장이 된 것이다.

　체험활동에 참여한 멘티들이 함께 미션을 수행하면서 친해 질 수 있도록 팀별로 미션을 제시해 친구들과 함께 할 수 있는 시간을 제공한다. 다양한 미션을 하다 친해진 멘토와 멘티가 나중에는 서로 연락하면서 함께 체험활동을 가거나 함께 멘토링을 진행하기도 한다. 작은 인연이 또 다른 만남으로 이어지는 것이다. 무엇보다도 멘티들이 즐거워하는 것은 혼자가 아닌 함께 하는 시간이었다. 멘토 선생님과 함께 줄다리기를 하고, 친구들과 함께 게임하고, 함께 같은 편을 응원하는 시간이 좋은 것이었다.

"선생님, 저 다음에도 또 올 거예요."
"선생님, 다음에는 어디 갈 거예요?"

　체험활동이 끝나고 잘 가라고 인사를 하니 멘티들이 내게 묻는다. 이 말을 들으니 어디가 좋을까? 또 오지랖 넓게 장소를 고민하게 된다.

어려움은 나누고 정보는 공유하고

　멘토링 활동은 다양한 멘티들 만큼이나 다양한 변수들이 등장한다. 멘토들이 전부 교직과목을 전공한 것이 아니기 때문에 멘토링 과정에서 많은 어려움을 겪는다. 그 때마다 담당자가 즉각적으로 대응하기에는 여력이 부족할 수 있다.

　멘토들이 멘토링을 진행하면서 겪는 어려움은 멘티의 돌발행동, 생활습관, 거친 언어 사용, 거짓말, 학습지도, 멘토링 활동 내용 부족, 문화체험활동 정보, 학교담당교사와의 관계 등 다양하다. 다양한 멘티들 만큼이다 다양한 변수가 등장하는데 그 때마다 담당자가 즉각적으로 피드백을 주기에는 여력이 부족할 수 있다. 또한 멘토가 300명 가까이 되는 멘토를 관리해야 하는 입장에서는 절대 쉬운 일이 아니다. 멘토링 활동 중 어려움이 발생하면 경험이 있는 멘토는 지혜롭게 잘 해결한다. 그러나 멘토링이 처음인 멘토의 경우는 멘토링 중단으로 이어지는 경우가 많다. 그렇기 때문에 멘토들이 서로의 어려움을 해소하고 정보를 공유할 수 있도록 온라인이나 오프라인 모임을 만들어 주는 것이 중요하다.

그래서 만들어진 것이 우리학교 멘토들로 구성된 동아리 모임이다. 2018년에는 300여명의 멘토들을 13개의 동아리 팀으로 구성한 후 각 동아리별로 SNS을 활용한 온라인 단톡방과 오프라인 정기모임을 가졌다. 각 동아리 단톡방은 멘티들의 학교, 지역, 학년을 기준으로 팀원을 묶고, 경험이 많은 우수 멘토를 팀장으로 선발하였다. 팀장은 단체 카톡방을 열어 팀원들이 궁금해 하는 행정적인 업무 절차나 멘토링 활동의 어려움 등 사소한 것 하나라도 바로 해결할 수 있도록 지원했다. 팀장들이 해결하지 못한 사안들은 나와 팀장들로 구성된 팀장 단톡방에 올리게 하여 빠른 시간 내에 피드백을 받을 수 있게 하였다. 다시 말해 경험 있는 멘토가 경험이 부족한 멘토의 멘토가 되어 멘토링 진행에 도움을 제공하게 하였다. 멘토링 활동에 참여하는 멘토들이 멘토링 운영 전반에 대해 알 수 있도록 공지사항이나, 행정업무, 멘토링에 도움이 되는 정보들을 단톡방에 올려 주어 원활하게 멘토링이 진행될 수 있도록 지원하였다.

동아리 팀모임을 오프라인에서도 진행해 온라인상에서는 할 수 없었던 다양한 고민거리와 정보를 제공 받을 수 있도록 하였다. 멘토링을 활동에 참여하는 멘토들은 얼굴 보는 것만으로도 위안이 된다고 하였다. 여기에 멘티 관리의 어려움, 담당교사와의 관계, 멘토링 활동 내용에 대한 고민들을 이야기 하면 경험 있는 멘토가 피드백을 제공하고 자신의 노하우를 공유하게 하였다. 힘들지만 보람된 일을 하고 있다는 자긍심과 더불어 나와 같은 일을 하고 있는 동료들이 있다는 생각만 해도 힘이 된다고 하였다. 그리고 정기적인 팀모임을 소규모로 하다 보니 소속감을 가지고 모든 활동에 적극적으로 참여하는 원동력이 되었다고 한다. 실제로 정기적인 동아리 모임이 멘토링 활동에 활력이 되고 동료 멘토들의 격려로 끝까지 갈 수 있었다고 말하는 멘토들도 많았다. 멘토링이 멘토 혼자만의 힘으로 이루어지는 것이 아니라 모두의 힘이 모아질 때 더 좋은 결과를 가져온다는 것을 확인시켜 주었다. 멘토 혼자 멘토링의 전 과정을 책임지게 하는 것 보다는 함께 모여 고민하고 정보를 공유하고 나눌 수 있는 동아리 모임에 적극적으로 참여해 보자.

마무리는 보고대회로

경기대학교 멘토링의 또 다른 특징은 바로 성과 보고대회이다. 성과 보고대회는 멘토링 활동에 참여한 멘토와 멘티가 서로에게 감사의 마음을 전하고 멘토링 성과를 공유하고 칭찬해 주는 의미 있는 자리이다. 멘티와 멘토가 10개월 가까이 매주 최소 1번에서 많게는 3~4번 만나는 일은 쉬운 일이 아니다. 대학생 멘토들이 시간을 내어 정기적으로 멘티를 만나러 가는 일은 멘토의 성실성과 책임감이 없다면 불가능한 일이다. 뿐만 아니라 멘토를 믿고 따라준 멘티에게도 고맙고 감사한 일이다. 이처럼 멘토링은 일방적인 관계가 아닌 쌍방간의 지속적인 '관계'를 기반으로 동반성장하는 활동이라고 할 수 있다.

우리대학의 성과보고대회는 어른들이 만드는 형식적이고 정형화된 그런 축하의 자리가 아니다. 멘토링 활동에 참석했던 모든 멘토와 멘티들이 함께 만드는 축제의 장이다. 올해는 크리스마스 컨셉을 주제로 무대를 꾸미고 동아리팀별로 UCC를 제작하고, 크리스마스 캐롤을 모두 함께 부르면서 마지막을 장식했다. 이 모든 과정을 멘토들이 기획하고 준비하고, 진행하며 서로를 격려하고 칭찬하는 잔치가 한 바탕 벌어졌다. 올해 성과보고대회는 경기대학교 응원단의 오프닝을 시작으로 멘토와 멘티의 수기공모에 대한 시상, 소원을 담은 소망나무와 종이비행기 날리기 퍼포먼스, 멘티들이 준비한 깜찍한 뮤지컬, 함께 자리해 준 멘티들을 위해 준비한 선물 타임, 그리고 멘토링 활동에 대한 UCC상영, 댄스 동아리팀의 멋진 공연까지 지루할 틈이 없었다. 몇 년째 노하우가 쌓이다 보니 올해는 더욱 흥겨운 자리가 되었다.

성과보고대회는 단순히 즐기고 참석하는데 의의가 있는 것은 아니다. 1년 가까이 멘토링 활동을 하면서 느꼈던 감동이나 어려움, 그리고 얻은 것을 나누는 성찰하는 자리이기도 하다. 그래서 멘토링에 참여한 모든 멘토들에게 멘토링 수기를 공모하여 시상 한다. 수기 공모에 참여한 멘티들의 수기 내용을 살펴보면, 공통적으로 나온 이야기가 바로 "내가 멘티에게 더 많이 받고 배웠다"라는 내용이다. 멘토 면접을 볼 때 자신이 가진 것을 나눠 주고 싶어서 시작했다는 멘토들이 멘티와 함께 하는 시간을 통해 책임감, 배려, 그리고 성실함을 얻고 멘티들은 자신들의 멘토로부터 꿈과 진로에 대한 정보를 얻고, 세상을 보는 시야를 넓힐 수 있었다.

누군가의 멘토가 된다는 것은?

멘토링 담당자 중 혼자서 다문화센터 관련 업무까지 도맡아 하시는 정말 바쁜 선생님이 계시다. 그래서 올해는 쉬었다가 숨 좀 고르고 내년에 신청하라고 했더니 한참을 고민하다 올해도 멘토링 사업을 신청했다고 하신다. 그 이유를 물어보니

"멘토링 사업은 마약 같다."

운영할 때는 너무 힘들고 지치고 일이 많은데 끝나고 나면 뭐라고 말 할 수 없는 보람이 있다. 그래서 마약처럼 자꾸 하게 된다고 하였다. 나도 그런 것 같다. 아주 작은 칭찬에도 힘이 솟는 걸 보면,

"선생님, 저 영수 어머니가 선생님께 드리라고 보낸 편지에요~"
"영수 어머니가 왜 나한테, 너한테 보낸 거 아냐~"

성과보고대회가 끝난 후 며칠 지나지 않아 유나가 편지 한통을 가지고 왔

다. 편지 내용에는 좋은 선생님을 보내주셔서 당신의 아들이 많이 성장하고 남을 배려하는 사람이 되었다는 내용으로 정말 감사드린다는 내용이 적혀 있었다.

나에게 멘토링이 무엇이냐고 묻는다면 나는 서로 가르치고 성장하는 '교학상장(敎學相長)'이라고 대답한다. 멘토링은 혼자 할 수 없다. 멘토와 멘티가 함께 해야 가능하다. 함께한 시간만큼 멘토와 멘티는 서로에게 영향을 주면서 배우고 성장한다. 이 얼마나 황홀하고 멋진 일인가? 사람들은 "멘토링을 안하는 멘토는 있어도 한번만 하는 멘토는 없다"는 나의 말에 너무 편파적이라고 한다. 그럼 나는 한 술 더 떠서 "이 세상에 있는 사람은 멘토를 해 본 사람과 안 해 본 사람 두 종류로 나뉜다."라고 한마디 더한다. 오랜 기간 내가 만난 멘토들은 멘티에게 좋은 사람이 되고자 끊임없이 노력하고 변화를 두려워하지 않는 긍정적인 사람들이었다. 이런 멘토들이 많다면 우리가 살아갈 공동체가 지금 보다는 더 건강한 사회가 될 것이다. 나 또한 멘토들에게 좋은 사람이 되고 싶었고, 그렇게 되기 위해 지금도 노력 중이다. 우리 모두가 누군가의 멘토가 되는 그런 세상을 꿈꿔 본다. 그동안 나의 꿈에 함께한 멘토들의 이야기를 전하며 마무리 하고자 한다.

멘티들과의 수업은 내가 가르치기만 하는 일방적인 교육이라고 생각하지 않는다. 멘토링을 하면서 나 또한 많은 것을 배우고 성장할 수 있었다. 아이들은 선생님의 행동을 보고 그대로 따르기에 평소 내 행동에 있어 잘못된 것은 없는지 한 번 더 돌이켜보게 되고, 말도 함부로 하지 않게 된다. 이를 통해 책임감과 성실함을 기를 수 있었다.

(민경석 멘토)

내가 어떤 마음과 생각으로 멘티와 함께 해야 하는지 순간순간 계속해서 고민하게 되면서 힘들기도 했다. 너무 많은 책임감이 생기기도 한다. 그럼에도 불구하고 나는 멘티와 함께하는 이 시간이 좋고 이미 서로가 서로의 삶의 영역 안으로 들어간 것이라면 좋은 사람이고 싶다.

(이은지 멘토)

처음 의도와 다르게 멘토링을 통해서 나는 주는 것보다 얻는 것이 많았다, 이렇게 다문화가정의 학생들인 한이와 우진이를 만나고 소통하는 경험을 통해 다문화에 대한 나의 시각을 많이 바꾸게 됐다. 드리워진 벽은 다문화가정들이 가진 사회적 경험이 아니라 우리가 만들어내고 있었다. 다문화에 대한 막연한 편견이나 생각을 없앤다면 편견 없이 모두가 하나가 되는 사회를 만들어내는 운영해나갈 수 있는 자양분이 될 것이다.

(고은아 멘토)

나는 나 혼자 커온 것이 아님을, 지금은 무심하게도 망각해버렸지만 나에게도 좋은 멘토들이 있었고 그 멘토들이 누군가에게 멘토가 될 수 있는 나를 만들었단 것을 깨달았다. 송이를 진심으로 가르치고 송이가 성장해나가는 걸보면서 지금까지 나에게 가르침을 준 사람들의 지식뿐만 아니라 진정성 때문에 내가 이 자리에 있다는 것을 알게 된 것이다.

(권효영 멘토)

멘토링 활동은 도희만 성장한 것이 아니라 나도 한층 성장하는 기회가 되었다. 멘토링 활동을 통해 책임감을 기를 수 있었고, 다문화가정에 대한 선입견도 없앨 수 있었다. 다문화멘토링 사업이 더 널리 알려져 많은 사람들이 이러한 기회를 갖고 좋은 경험을 쌓게 되면 좋겠다

(김지애 멘토)

제가 생각했던 멘토링은 제가 한 아이의 성장을 도와주는 일이라고 생각했습니다. 하지만 아니었습니다. 끊임없이 생각하고 있는 저를 보며, '나는 지금 함께 성장하고 있구나.' 라는 것을 알았습니다. 멘토링 활동을 통해 다

시 한 번 스스로를 되돌아보고 잊고 살아왔던 것을 돌이켜 볼 수 있었습니다.

(임영우 멘토)

　멘토 선생님을 만나고 멘토링 활동을 한다는 것에도 이렇게나 즐거워하는 아이들인데 중학생이 되도록 이러한 역할을 해 줄 사람이 없었다는 것에 안타까운 마음이 들면서 나의 역할에 더욱 책임감을 느꼈다. 나로 인해 아이들은 본인들이 가지고 있던 무한한 잠재력을 꽃을 피우기 시작하고 있다. 다문화·탈북학생 멘토링 활동은 나에게 있어 단순한 장학금제도가 아닌 나의 작은 노력이 누군가에게 큰 영향을 끼칠 수 있다는 것을 배운 너무나 값진 경험이었고 성장할 수 있는 시간이었다.

(조소은 멘토)

　약 8개월 동안 멘토링을 진행하면서 다문화멘토링은 저에게 스스로 성장할 수 있게, 그리고 저의 잠재력을 개발할 수 있게 도와주었습니다. 시간이 지남에 따라 조금씩 더 성장하는 저를 발견할 수 있었습니다. 제가 많이 나눠주는 것만큼 얻는 것 또한 많았고 또 이런 기회가 생긴다면 저는 주저하지 않고 신청할 것입니다. 준수와의 멘토링이 끝나고 나서 아쉬움이 남지 않게 남은 시간 동안도 준수와 더 많은 것을 보고 더 많은 것을 느끼게 해주려 노력할 것입니다.

(김학성 멘토)

2. 편견을 극복하고 성숙해진 멘토의 성장이야기

이지애 | 말 그대로 행복
김예나 | 나의 2년을 채워준 멘토링
민경석 | 멘티로부터 생긴 힘
김효은 | 탈북 학생 다가가기
박수지 | 너무나 다른 두 멘티 학생 사이에서
김지혜 | 상호작용을 통해 서로 완벽해지는 과정
이은지 | 누군가의 삶의 영역 속으로 들어간다는 것은
김보람 | 멘토링에 ( )은 없다
이명희 | 여름날의 닭의 장풀
고아영 | 한 사람의 마음을 얻는다는 것은
차정희 | 함께 win-win하는 다문화멘토링
이현민 | 3년이란 길고도 짧은
이나윤 | 멘토링은 힐링이다
이지민 | 신념이라는 거창한 이름 아래
이진욱 | 저는 팔불출입니다
장효전 | 편견을 버린 시간
이선정 | 또 다른 만남의 시작
고은아 | 편견을 깨고 얻은 것들
박설아 | 미애와 나의 성장 이야기
박지민 | 우리는 마음속에 별을 가지고 있다
조소은 | 이해와 공감으로 피는 꽃
하은지 | 작은 관심과 꾸준함이 웃음꽃으로 피어나다

말 그대로 행복

이지애

2015년 5월 14일 날씨가 따뜻했던 그 날, 처음 나의 멘티 샛별이를 만났다. 처음 만났을 때의 인상은 초등학교 2학년답게 정말 작았다. 담당 선생님과 함께 어떤 공부를 해야 할지 어떤 활동을 하고 싶은지 물어보는 첫 만남 자리에서 샛별이는 입을 꼭 다물고 좀처럼 말을 하지 않았다. 짧게 끝난 만남을 뒤로 하고 서둘러 돌봄 교실로 가버리는 샛별이를 보면서 낯가림을 하는 걸까, 아니면 워낙에 성격이 조용한 친구일까 궁금증이 생겼다. 점차 만남을 계속할수록 샛별이에 대해 잘 알 수 있었다. 정말 고맙게도 첫 만남에서의 우려와 달리 샛별이는 나에게 금방 마음을 열어주었고, 적극적으로 멘토링 활동에 참여해주었다.

샛별이는 아버지와 어머니가 몽골 분이신 다문화가정의 자녀이다. 한국에서 태어났기 때문에 한국어나 문화적인 차이의 어려움은 크게 없었다. 샛별이는 만들기를 좋아하고, 손재주가 정말 많은 아이다. 처음에는 그저 보통 또래 친구들처럼 비슷하게 만들기를 좋아하는 정도 인줄 알았는데, 만들기를 하면서 점점 샛별이의 실력이 보통 이상이라는 것을 알 수 있었다. 나는 샛별이의 그런 손재주를 더욱더 살려주고 싶었다. 그래서 멘토링 활동을 크게 두 가지로 나누어서 진행해보았다.

만들기 활동을 독서와 연계해서 책놀이 활동으로 진행했고, 다른 한편으로는 샛별이가 교과목 가운데 가장 취약했던 수학 공부를 중심으로 진행했다. 수학 공부 같은 경우에는 학교 교과서를 바탕으로 복습을 위주로 공부하였다. 특히 가장 공들였던 공부는 구구단 외우기였다. 여름 방학 내내 구구단을 공부하였고, 그 결과 2단에서 9단까지 모두 암기할 수 있었다. 구구단을 외울 때에는 같이 노래와 함께 소리 내어 암기하는 방법으로 진행하였다. 저학년 친구들의 경우에는 아직 스스로 암기를 할 만한 학습 능력이 덜 발달되어있기 때문에 막연히 이거 외워봐 라고 하면 안 되고 함께 외우는 방법이 적합하다고 생각된다. 샛별이 역시 혼자 했을 때보다 나와 함께 소리를 내서 외웠을 때 더욱 빨리 정확하게 외우는 모습을 볼 수 있었다.

사실 수학 공부보다 훨씬 비중이 컸던 활동은 책놀이 활동이었다. 책놀이 활동은 나의 전공과목인 문헌정보학과를 살려서 진행한 활동이었다. 진행 방법은 먼저, 책을 한 권 같이 읽고 이와 연계하여 책놀이 활동을 진행하는 방식이다. 책을 선정할 때에는 1. 초등학교 저학년의 연령대에 맞는 책, 2. 주제가 뚜렷하고 내용이 좋은 책, 3. 샛별이의 관심 분야의 책, 4. 기타 다양한 분야의 책 등의 기준을 바탕으로 매주 직접 지역 어린이도서관을 방문하여 책을 선정하였다. 책을 읽을 때에는 내가 혼자 읽는 것이 아니라 샛별이와 역할을 나누어서 함께 읽음으로써 독서 몰입도를 높일 수 있었고, 한글 공부에도 도움이 될 수 있었다. 책을 읽고 난 후에는 여러 가지 책놀이 활동을 진행하였다. 책의 내용에 관련된 퀴즈나 느낀 점 등을 써보도록 직접 활동지를 만들어갔고, 책에 나오는 주인공을 그려보거나 직접 만들어보는 활동도 진행하였다.

이러한 독서 활동 및 만들기는 샛별이에게 한글 공부 및 정서 함양, 창의력 발달과 같은 면에서 효과적이었고, 나에게 있어서도 전공과 연계하여 진행할 수 있었던 활동이기 때문에 큰 도움이 되었다. 작년의 경우에는 초등학교 5학년 친구와 멘토링을 했었는데, 아이의 연령에 따라, 아이의 성격이나 주위 환경에 따라 어떠한 책을 선정하고 어떠한 책놀이를 해야 할지 다르기 때문에 그 점을 고민하고 생각하는 과정에서 어린이 독서지도에 관심이 많이 생기게 되었다.

교실에서 하는 활동 외에도 우리는 외부로 체험학습도 함께 했다. 체험학습은 롯데월드, 곤충교실, 미술관 방문, 영화 관람, 가을 동물원 방문 등 5번을 다녀왔다. 제일 먼저 갔었던 롯데월드에서는 샛별이와 좀 더 친해지고, 서로를 더 잘 알 수 있었던 시간이 되었다. 두 번째로 갔던 곤충교실 체험학습은 개인적으로 내가 준비했던 활동이다. 어렸을 적 내가 직접 참여했었던 활동으로, 서울대공원에서 주관하여 진행하는 곤충교실 활동은 동물과 곤충을 좋아하는 샛별이에게 굉장히 적합한 활동이었기 때문에 선택하게 되었다. 나비나 잠자리, 매미 등에 대해 간단한 이론교육이 진행된 후에 직접 채집 도구를 가지고 곤충 채집을 하고 난 후 잡은 곤충을 가지고 박제를 하였다. 이 활동의 경우에는 직접 곤충을 잡아보고 박제하여 가져갈 수 있었기 때문에 학습적인 면뿐만 아니라 아이의 적극성과 자발성 등 활동적인 면에 있어서도 도움이 되는 활동이었다. 다음으로는 지역 어린이 미술관을 방문하여 미술 전시를 관람하였다. 평소에도 미술, 만들기 분야에 관심이 많고, 재능도 많았던 샛별이기 때문에 아이의 창의력과 상상력을 자극할 수 있는 미술 전시 관람 역시 굉장히 좋아했던 체험학습이었다.

요즘에는 초등학교 2학년 친구들도 학원을 3개씩 다니고 있는데, 샛별이는 학원을 아예 다니지 않고 있다. 그렇다고 해서 학업에 있어서 다른 친구들에 비해 떨어지는 성적이 전혀 아니다. 오히려 국어나 과학 과목의 성적은 굉장히 우수하다. 물론 사회적으로 점점 사교육에 관한 관심이 높아지고 있고, 해야만 하는 추세이기 때문에 그 연령대도 점점 어려지고 있는 것은 사실이다. 그런 사회 현상으로 인해 더욱 멘토링 활동이 필요하고, 중요하다고 생각된다. 학원을 다니지 않는 친구들이나 학원을 다니는 친구들 모두에게 멘토링의 역할은 사교육이 필수가 되어가는 지금의 사회분위기에서 정말 진정한 교육의 방법 가운데 하나이지 않을까란 생각이 든다. 마지막으로 갔던 체험학습은 대공원 나들이였다. 샛별이가 동물을 좋아하기 때문에 동물원 체험학습은 그 어떤 체험학습보다 재미있어 했고, 또한 가을을 맞이하여 예쁘게 물든 단풍도 함께 즐길 수 있었기 때문에 일석이조의 체험학습이 되었다.

이렇게 여러 가지 체험학습을 진행해 보았는데, 사실 체험학습의 경우에는 멘토의 관심과 노력이 많이 필요한 활동이다. 교실이라는 실내 공간에서 하는 멘토링과 비교해서 더 많은 사전 준비와 계획, 그리고 아이와 함께 다니는 순간순간 안전과 같은 것들이 요구되기 때문에 멘토 입장에서는 더욱 신경 써야 한다. 주위에 다른 멘토 친구들이나 학교 선생님들께서는 간혹 왜 그렇게 체험학습을 많이 하려고 하냐, 힘들지 않냐, 라는 식의 질문과 걱정들을 해왔다. 물론 힘들지 않다고 하면 거짓말이다. 어떤 곳으로 체험학습 갈 것인지에 대해 고민하고, 장소를 선정한 후에는 그에 맞는 준비가 필요했다. 또한 체험학습 당일 날에도 일찍 준비하여 멘티를 데리러 가고, 활동이 끝난 후에 집까지 데려다 준 후에 집에 돌아오면 육체적으로 굉장히 힘든 것은 사실이다. 그러나 그런 모든 힘듦을 싹 날려주는 것은 너무 재미있었다는 멘티의 한 마디, 그리고 체험학습을 다녀온 뒤에도 가끔씩 그 날의 일들을 꺼내어 이야기하고 추억하는 멘티의 모습으로 인해 체험학습을 끊을 수 없게 되었다. 나의 노력과 관심을 알아주고 열심히 참여해준 샛별이한테도 굉장히 고마움을 많이 느끼고 있다. 아무리 내가 열심히 준비한다 하더라도 샛별이가 관심이 없고 하려하지 않는다면 아무 소용이 없는 것인데 그런 면에 있어서 샛별이와의 멘토링 활동은 일방향이 아닌 쌍방향적인 소통이 잘 이루어졌다고 생각된다.

　나에게 있어서 이번 멘토링 활동은 시기적으로나 경험적으로 정말 큰 의미를 갖고 있다. 졸업을 앞둔 대학생의 마지막 1년 동안 정신적으로나 육체적으로나 이전과는 다른 많은 변화가 있었고, 힘든 시기였다. 학교생활에 있어서는 4학년을 마무리 하는 과정에서 학점 관리에 더욱 신경 써야 했고, 1학기에는 국회도서관으로 한 달 동안 실습을 다녀오고, 2학기에는 어린이도서관으로 인턴십을 진행하는 등 바쁘게 지냈다. 그렇게 일에 치여, 공부에 치여, 사람에 치여 힘들었던 나에게 멘토링은 유일하게 휴식이 되고 순수한 기쁨을 느낄 수 있었던 시간이었다. 멘토링을 할 때마다 그 날 준비해갔던 활동을 너무도 열심히 즐겁게 해준 샛별이. 그것이 공부가 됐든, 책 읽기가 됐든, 만들기가 됐든 항상 웃으면서 날 반겨주었던 샛별이가 있어서 멘토링을 하러 가는 나의 발걸음을 항상 가볍고 즐거웠다. 한 주 동안 어떻게 지냈는지 소소한 일상 이야기를 해주고, 항상 집에서 키우는 앵무새인 하트와 토토의 안부를 전해주었던 샛별이가 이제는 멘토링을 하면서 만난 형식적인 멘토와 멘티가 아닌 마음을 나눌 수 있는 친구가 된 것 같아서 정말 기쁘고 행복하다. 동물과 자연을 사랑하는 마음이 너무 예쁘고, 작은 것 하나에도 기쁘게 받아들이는 샛별이의 모습을 보면서 사소한 것에도 스트레스 받고, 사람들과의 관계에 있어서도 힘들어하고, 무엇이든지 잘해내려고 안간힘을 쓰는 나의 모습을 돌이켜볼 수 있었다. 멘토링을 하는 것도 좋았지만, 샛별이를 만나고 오는 시간이 나에게는 정말 큰 힐링이 되었고, 일주일 간 쌓였던 스트레스가 풀리는 시간이 되었다.

위에서도 말했듯이 체험학습을 가거나 멘토링을 하러 오고가는 과정에 있어서의 육체적인 피로는 있지만, 그 피로를 덮고도 남을 정신적인 기쁨과 뿌듯함, 행복이 너무 컸다. 멘토링은 나에게 있어서 말 그대로 행복, 즐거움인 것 같다. 멘토링을 끝내고 남은 것이 바쁘고 힘들었던 시간들이 아닌 행복과 뿌듯함을 느낄 수 있게 해준 나의 멘티 샛별이에게 정말 고맙고 감사하다.

나의 2년을 채워준 멘토링

김예나

2016년에 3학년이 된 나의 대학 생활의 반 이상을 채워준 건 다름 아닌 '다문화멘토링'이었다. 같은 대학교에 다니는 친한 언니의 권유로 다문화멘토링을 시작하게 된 건 2015년 6월이었다. 그 때까지만 해도 나는 다문화멘토링에 대한 막연한 생각만 가지고 있었다. 키즈카페에 2년 정도 근무했던 경험을 믿고 자만했던 탓일까? 초등학생과 3시간 동안을 지내는 건 생각보다 쉬운 일이 아니었다. 키즈카페에서 초등학생들을 보는 것과는 전혀 다른 일이었다. 키즈카페에서 초등학생이랑 얘기하는 건 길어야 몇 분 정도였기 때문이다. 키즈카페에서는 나와 초등학생 사이의 상호관계가 없었고, 말 그대로 '지켜보기만' 해도 되었다. 그러나 다문화멘토링은 본질적으로 달랐다.

시은이와 일주일에 평균 2~3번 만났었기 때문일까? 시은이와 나 사이에는 많은 일들이 있었다. 시은이와 있었던 일을 소개하기에 앞서 멘토링에서 내가 중요시했던 것에 대해서 얘기해 보고자한다. 나는 멘토링과 키즈카페의 가장 큰 차이점은 '지속적인 관심'과 '신뢰'라고 생각한다. 키즈카페는 매주 오는 아이들이 바뀌기 때문에 일시적인 관계일 뿐 나와의 상호관계가 형성되지 않았다. 그러나 멘토링은 아이와 시간약속을 정해 만나는 것이었고, 아이와의 관계뿐만 아니라 부모님과의 관계까지 연결되어 있는 것이었다. 그렇기 때문에 무엇보다도 '신뢰감'을 쌓는 것이 중요하다고 생각했다.

아이와의 신뢰감을 쌓을 수 있는 방법은 많은 관심을 쏟는 것뿐이었다. 그래서 내가 너에게 이렇게 많은 관심이 있다는 것을 느끼게 해주려고 노력했다. 예전에 읽은 책에서 아이와 친밀성을 높이기 위해서는 대화와 스킨십이 필요하다는 글이 생각났다. 그래서 공부만 하지 않고 시간이 날 때마다 많은 대화를 나누었다. 처음에는 나를 약간 경계하고, 어려워하던 시은이도 매번 만날 때마다 나를 더 편하게 느끼는 것을 알 수 있었다. 많은 대화를 나눈 결과 시은이가 아몬드를 싫어하고, 복숭아 알레르기가 있으며, 좋아하는 게임은 마인크래프트이고, 취미는 유튜브로 게임영상 보는 것 등 많은 것을 알 수 있었다.

 시은이에게 관심을 쏟을수록 시은이 또한 나에게 관심도가 높아지는 것을 느낄 수 있었다. 내가 핸드폰 케이스를 바꾸고, 배경화면을 바꾸는 것 등 사소한 것을 먼저 알아채주는 모습에 감동을 받았고 나도 더 잘해줘야겠고 다짐하게 되었다. 날씨가 좋을 때는 손을 잡고 운동장이나 집 주변 공원을 걷기도 하고, 어려운 문제를 혼자 풀면 박수를 치면서 머리도 쓰다듬어 줬다. 책에서 읽었던 대로 스킨십은 아이한테 좋은 영향을 주는 것 같았다. 같이 영화를 보러가거나 놀러 가면 내 손을 먼저 꼭 잡는 모습이 귀여워서 기억에 남는다. 이러한 내 노력들은 우리의 멘토링에도 많은 영향을 끼쳤다.

 다음으로 부모님과의 신뢰를 쌓는 것은 성실함과 연락을 자주 드리는 것이라고 생각했다. 약속한 시간에 늦지 않으려고 애썼고, 부득이하게 늦거나 못 가게 될 것 같으면 며칠 전에 미리 연락을 드렸다. 만약 시은이랑 둘이 어딜 놀러가게 되면 언제 도착했는지, 지금 무엇을 하고 있는지, 몇 시쯤에 도착할 것 같은지 문자로 알려드렸다. 다른 멘토들의 얘기를 들어보면 집안에서만 멘토링을 하는 경우가 많았다. 그러나 시은이와 나는 제약 없이 밖에서 여러 활동을 할 수 있었다. 초등학생인 아들을 나를 믿고 맡겨 주시는 게 어떤 의미인지 알았기 때문에 그 믿음을 저버리지 않으려 더 노력했다.

 처음부터 시은이와 나의 멘토링이 문제없이 흘러갔던 것은 아니었다. 나에게 주어진 3시간을 어떻게 보내야할지 많이 고민했었다. 그래서 국어와 수학 프린트를 뽑아가고 게임도 준비했었다. 국어 지문을 워낙 읽기 싫어해서 역할극처럼 읽기도 하고, 누가 더 잘 읽나 내기도해가면서 읽었다. 또 그 때는 카드로 제일 큰 수, 제일 작은 수를 만들고, 돈의 계산이 나올 때 였다.

그래서 집에서 수학카드를 만들어가서 같이 수학카드를 이용해서 게임을 했다. 돈의 개념을 어려워해 같이 학교에서 하는 벼룩시장에 가서 직접 돈을 사용하면서 자연스럽게 돈의 개념을 알아가게 도왔다. 처음에는 어려워했던 수학문제를 시간이 지날수록 척척 풀어내는 시은이를 보면서 가르치는 즐거움을 느꼈다.

2년간에 아무 일도 없이 순탄했으면 좋았겠지만 사람 대 사람이 만나서 보낸 시간인 만큼 많은 일이 있었다. 그 중에서도 힘들었던 일과 감동적인 일, 기억에 남는 일을 나누어서 소개해 볼까한다.

힘들었던 일을 꼽자면 시은이와 내가 만난 지 얼마 되지 않았을 때의 일이다. 시은이 입장에서는 자신의 공부를 가르쳐주기 때문에 선생님 같기도 한데 선생님 보다는 친근하게 대해주니까 누나와 선생님의 경계에서 조금은 혼란스러웠던 것 같다. 나도 시은이에게 선생님처럼 엄하게 대할 생각은 없었지만 어떨 때는 선을 넘는 말과 행동을 보여서 화가 난 적도, 당황스러운 적도 있었다.

그 중 하나가 재미있게 놀자고 한 게임에서 시은이가 졌을 때 울면서 말을 하지 않거나 종이로 만든 장난감을 찢어버리는 등의 행동이었다. 그리고 자기가 틀린 문제를 왜 틀렸는지 아무리 설명해주어도 자신이 틀렸다는 것을 인정하지 않는 태도였다. 사실 주변에 나이 차이가 많이 나는 동생도 없거니와 다 여동생들이라서 시은이는 내게 쉽지 않은 학생이었다. 그럴 때 마다 같이 흥분하지 않도록 조심하고 조심했다. 흥분한 시은이를 감정적으로 대하면 지나친 대응을 할 것만 같았기 때문이다. 어린 학생인 것도 알고, 왜 화가 났는지 이성적으로는 이해가 되었는데 그것을 받아들이는 게 쉽지 않았다.

감동적이었던 일은 여러 개가 있는데 그중에서도 기억에 남는 일은 학교에서 수업했을 때 시은이가 교문까지 마중 나와 준거랑 매일매일 멘토링 했으면 좋겠다고 말해줬던 것이다. 며칠 전에는 시은이에게 편지를 받았었는데 나를 이렇게 생각하고 있었다니 괜히 뭉클해졌다. 공부하는 것이 시은이 입장에서 재미있기만 한 일은 아니었을 텐데 같이 공부한 게 가장 인상 깊었다니 멘토 선생님으로서 정말 뿌듯했다. 팀별 동영상 만들 때 시은이는 갑자기 내 사진에 날개를 달고 천사 선생님이라고 써 주었다. 사실 화낸 적도 많은데 천사라고 붙여주다니 앞으로 천사처럼 대해줘야겠다고 마음먹었다.

기억에 남는 일은 같이 여기저기 다녔던 일이다. 같이 귀신의 집을 갔을 때 자기만 믿으라고 했던 것과 같이 붕어빵을 먹으면서 공원을 걸었던 일, 시은이가 탄 그네를 밀어줬던 일 등이 기억에 남는다. 많은 체험 중에서도 시은이가 특히 재미있어했던 것은 10월에 갔던 체험활동이었다. 체험활동 중에 내가 가장 기억에 남는 것은 소나기 마을에서 우리 둘 다 비를 안 맞겠다고 그 작은 움막에 움츠려 있었던 것이다. 선생님은 비 맞으라고 말했을 때 조금 섭섭했지만 막상 비가 왔을 때는 움막 속으로 들어가 나를 끌어당기는 모습이 귀여웠기 때문이다.

2년간 멘토링을 하면서 시은이 만큼 시은이네 가족들도 많이 뵙게 되었다. 시은이네 가족들에게 고마운 점은 나를 잘 챙겨주시고 항상 배려해주셨다는 점이다. 아버님과 어머님께서는 항상 나를 볼 때마다 고생한다고 하면서 감사하다고 인사해주셨는데 그럴 때 마다 나는 내가 하는 일에 더 책임감을 갖고 노력하게 되었다. 알아달라고 하는 일은 아니지만 내게 고마움을 표해주시는 것과 다른 사람에게 인정을 받는 것은 생각보다도 기쁜 일이었다. 여름엔 더워하는 날 위해서 내 쪽으로 선풍기를 틀어주시고 겨울엔 따듯한 고구마라떼를 사다주셨다. 고구마라떼 보다도 따뜻한 어머님의 마음을 느낄 수 있었다.

또 시간이 지날수록 어머니가 날 많이 믿고 계심을 느낄 수 있었다. 시은이네 초등학교에서는 일정기간마다 단원평가를 보는데 그 단원평가 관련 문제로 상담을 다녀오신 어머니가 내게 할 말이 있다고 하셨다. 이런 문제까지 나랑 의논하신다는 것은 그만큼 나를 믿어주신다고 생각하기 때문에 더 책임감을 갖고 노력하게 되었다.

내게 상담하신 문제는 성적 말고도 하나 더 있었다. 시은이가 학교에서 폭력적인 모습을 보여 학교생활에 조금 어려운 점이 있다는 것이다. 사실 이런 말을 내게 꺼내는 것이 어머니 입장에서 쉬운 일이 아니셨을 텐데 말씀해 주신 것에 감사함을 느꼈다. 어머님과 마찬가지로 할머님도 항상 웃으면서 반겨주시고, 추울 때는 바닥 차가울까봐 밑에 이불도 깔아주시고 감이나 귤 등의 과일도 챙겨주시곤 했다. 거실에서 수업하기 때문에 다른 가족 분들이 불편한 점이 많으실 텐데 항상 고마워해주시고 편하게 대해주셔서 너무 감사드렸다.

 멘토링을 하면서 언제 가장 보람 있었냐고 묻는다면 누군가에게 고맙다는 말을 들을 때였다. 시은이 어머님에게 감사 문자를 받았을 때 내가 한 일이 누군가에게 도움이 되었구나 싶어 가슴이 벅찼다. 멘토링을 하면서 내게도 많은 변화가 생겼다. 길거리에 지나다니는 초등학생을 보면 자연스레 시은이가 떠올랐고 좋은 곳을 가면 여기면 초등학생들이 좋아하지 않을까 하는 생각이 들었다. 이처럼 나의 2년을 기쁨과 보람으로 채워준 시은이에게 고맙고 시간이 지나도 잊지 못할 것이다.

멘티로부터 생긴 힘

민경석

멘티와의 첫 만남

올해로 다문화멘토링 활동 3년차이면서 어느 덧 마지막 해가 되었다. 4학년이라 졸업으로 인해 더 이상 멘토링을 할 수 없게 되었지만 처음 멘토링을 시작했을 때부터 모든 게 생생하게 내 머리 속에 남아 있다. 매년 나는 각각의 다른 멘티를 배정받아 활동했다. 멘토링을 하면서 가장 좋았던 때를 회상한다면 배정받은 멘티를 처음 만나러 가는 길이 나를 설레게 했다. 멘티 또래의 학생들과 함께 해 본 경험이 전무 했던 나는 의욕은 앞섰지만 모든 게 서툴고 부족할 뿐이었다. 이제는 3년 차가 되면서 멘티의 마음을 더 잘 헤아리며 멘티의 수준에 맞게 수업을 진행할 수 있는 경험이 생겼다.

내가 맡아왔던 멘티들은 모두 초등학교 저학년 학생이다 보니 아무래도 집중력이 떨어질 수밖에 없다. 수업을 하면 10분만 지나도 자세는 삐뚤어지고 눈은 점점 다른 곳을 향해 간다. 처음에는 대체 왜 이럴까 이해를 하지 못했다. 하지만 이는 어쩌면 당연한 거였다. 멘티가 원하는 대로 항상 놀기만 하고 싶지만 부모님과 담임 선생님의 바람이 있기에 그럴 수는 없었다. 멘티와 부모님 양쪽 모두를 만족시키기 위해 다양한 놀이교육을 준비했다. 먼저 그 날 해야 될 공부의 양을 정하고, 이를 다 끝내면 준비해온 놀이교육을 할 거라고 얘기를 한다. 이는 멘티가 싫어하는 공부를 하면서도 집중시킬 수 있는 힘이 되었다.

나를 바꾼 멘티의 한 마디

나는 애초에 다문화멘토링을 3학년까지만 하고 4학년 때는 활동할 생각이 없었다. 멘토들 사이에서 눈에 띌 정도로 열심히 하지도 않았고, 그저 남들과 같은 평범한 멘토 중 한 명이었다. 하지만 졸업을 앞둔 올해까지 멘토링을 3년 째 성실하게 해오게 된 계기에는 멘티의 영향이 있었다.

작년에는 초등학교 2학년의 멘티 나영이를 맡아 멘토링 수업을 진행하고 있었다. 평소 시험기간에는 학과공부에 무리가 갈까봐 멘토링 수업을 중단하기도 했다. 또한 방학 때 개인적인 해외여행으로 인해 멘토링 수업을 일시적으로 중단했다. 이 때 여행 도중 나영이에게서 전화가 왔다.

"선생님 언제 돌아오세요? 선생님이랑 수업하고 싶어요. 빨리 돌아오세요." 내 생활에 있어 1순위가 아니었던 다문화멘토링 수업이 나영이에게는 항상 1순위였던 것이다. 나영이의 말 한마디는 내게 큰 충격이었고 마음을 다 잡게 되었다. 그 이후로 학교 시험기간에도 부담이 될 수 있는 시간들이지만 최대한 시간을 할애하여 매주 수업을 진행하려고 했다. 이러한 성실함을 바탕으로 우수 멘토로 선정되어 200명이 넘는 멘토들 앞에서 수업방식을 발표하여 공유하는 기회까지 갖게 되었다. 멘티와의 소중한 인연 때문에 취업 준비로 인해 바쁜 올해도 포기하지 않고 꾸준히 멘토링 수업을 진행하고 있다.

선생님 저 35점 받았어요!

우리나라에서는 어렸을 때부터 뭐든지 100점 혹은 1등을 해야 잘했다며 칭찬을 받아왔고, 나 또한 그러했다. 하지만 멘티의 작은 행동이 나의 인식을 바꿔주었다.

멘티 강민이는 필리핀에서 몇 년 생활을 하고 와서 다른 친구들보다 한글 실력이 많이 부족하다. 학교에서 매주 받아쓰기 시험을 보지만 진영이는 매번 0점을 받기 일쑤였다. 이러한 강민이의 자신감은 당연히 떨어져 있어 이를 고쳐줄 필요가 있었다. 매주 수업 때 마다 받아쓰기 연습을 하고, 숙제를 내주며 강민이와의 멘토링 수업에 있어 1순위는 언제나 한글 공부였다. 어느 날 어느 때와 다름없이 나는 강민이와의 수업을 위해 2학년 2반 교실을 향했다. 교실에 들어선 나를 보자마자 강민이는 기쁨과 환호의 목소리로 외쳤다. "선생님 저 받아쓰기 35점 받았어요!" 비록 다른 친구들에게는 형편없는 점수라고 생각할 수 있겠지만 강민이게는 놀라운 발전이었다. 이에 담임 선생님과 부모님께도 칭찬을 받았는지 강민이는 어느 때보다도 행복해보였다. 어쩌면 강민이에게 35점은 다른 친구의 100점짜리 시험지보다도 더 값질 것이다. 꼭 100점이 아니어도 이런 소소함에 행복을 느낄 수도 있다. 나 또한 매번 시험에서 100점에 연연하며 살아왔다. 하지만 이로 인해서 우리의 행복 또한 점수화되는 건 아닐까 싶다.

점수화된 삶에 집착하지 않고, 내가 원하는 바를 위해 노력하면 좀 더 가치 있고 행복해질 거라 생각한다. 점수에 집착하지 않고 최선을 다한다면 목표를 이룰 수 있고, 이는 행복으로 이어질 수 있을 거라는 생각을 강민이를 통해서 배울 수 있었다.

소통의 중요성

멘토링을 처음 시작하게 됐을 때 나 또한 남들처럼 멘토링을 어떻게 진행할지 많은 고민을 했다. 학생으로서 이때까지 도움을 받아보기만 했지 내가 누군가에게 도움을 주는 것이 처음이었기에 더욱 더 잘 해야겠다는 사명감이 생겼다. 멘티에게 중요한 걸 생각하다보니 공부, 언어, 예절, 학교생활 등 많은 것이 있지만 소통 또한 중요한 요소 중에 하나라고 생각했다. 보통의 멘토들은 멘티들과의 소통만 중요하다고 생각할 수 있지만 나는 다르게 봤다. 멘티, 학부모, 선생님 모두와의 소통이 중요하다.

먼저 나는 멘티와의 소통을 위해서 첫 만남 때 공부가 아닌 서로에 대해 알아가는 시간을 갖기 위해 마인드맵으로 자신이 좋아하는 것과 싫어하는 것을 알아봤다. 꼭 공부가 아니더라도 이런 식으로 쉽게 소통하고 알아볼 수 있는 방법인 것이다. 그리고 평상시에 멘티와 얘기를 많이 해서 멘티의 의견을 최대한 반영해 수업을 준비하고 관심분야에 맞게 체험학습도 준비하게 되어 수업의 집중도를 훨씬 높일 수 있었다.

멘티와의 소통은 누구나 잘하지만 멘티 부모님과 소통을 하지 않는 멘토가 많을 것이다. 하지만 나는 부모님과도 소통이 잘 돼야만 수업진행에 있어 수월하고 멘토와 멘티 모두에게 만족스러운 결과로 이어질 수 있다고 생각했다. 그래서 나는 첫날 부모님과의 연락을 통해 멘토링이 공부하는 것만이 아니고, 아이들의 학교생활이나 인성, 책임감 등 여러 면을 도와주는 게 멘토링의 일부이기에 초등학생 수준에 맞는 놀이교육과 체험학습 같은 것들도 중요하다고 말씀드렸다. 그러니 부모님께서도 평소 수업과 체험학습에 적극적으로 지원해주시고 만족해하셨다. 그뿐만 아니라 수업에 대해 궁금해하실 부모님을 위해 매주 수업 후 메신저를 통해 수업내용과 사진을 보내드리고 수업 요구사항과 여러 의견들을 여쭤보고 있다. 그러다보니 부모님의 만족도 또한 올라가고 나를 더욱더 신뢰를 해주시게 됐다.

학교 선생님과의 소통 또한 무척 중요하다. 나는 단지 내 이름만 가지고 멘토링을 하러가는 게 아니고 학교를 대표해서 수업을 나간다고 생각하고 있다. 그래서 매주 수업 후 선생님께 수기출근부에 서명을 받을 때마다 그날의 수업내용과 멘티에 대한 얘기를 나누고, 직접 준비한 체험학습에 대해서도 자세히 알려드리니 수업 방식과 준비성에 대해 칭찬을 많이 해주셨다.

마지막, 그리고 아쉬움

올해로 정들었던 학교를 떠나게 되면서 자연스럽게 멘토링 활동도 마지막이 되었다. 나의 대학생활을 돌이켜본다면 다문화멘토링이 가장 먼저 떠오를 것이다. 그만큼 멘티들에게 애정이 가득했고, 더 잘 할 수 있었을 거라는 아쉬움도 가득하다.

   지난 3년간 나영이, 강민이, 수민이까지 3명의 멘티를 만났다. 멘티들과의 수업은 내가 가르치기만 하는 일방적인 교육이라고 생각하지 않는다. 멘토링을 하면서 나 또한 많은 것을 배우고 성장할 수 있었다. 아이들은 선생님의 행동을 보고 그대로 따르기에 평소 내 행동에 있어 잘못된 것은 없는지 한 번 더 돌이켜보게 되고, 말도 함부로 하지 않게 된다. 이를 통해 책임감과 성실함을 기를 수 있었다.

   쉴 틈 없이 바쁘게 보내왔던 4년의 대학생활 속에서 멘토링은 나에게 잠시 쉬어갈 수 있는 안식처와 같았다. 멘티들의 순수하고 따뜻한 마음씨는 지쳐있는 나를 치유해주었다. 이러한 아이들의 순수함과 정(情) 때문에 포기하지 않고 계속 할 수 있었다. 이렇게 나의 대학생활은 다문화멘토링을 통해 행복하게 마무리할 수 있어 나에게는 큰 축복이었고, 멘티와의 추억을 내 마음 속에 고이 간직해둘 것이다.

탈북 학생 다가가기

김효은

아직도 처음 윤선이와 만나기 전의 설렘과 조금의 긴장감, 그리고 윤선이를 만나고 난 후의 당혹감을 잊을 수 없다. 그때까지만 해도 '탈북자'라는 단어는 우리와는 완전히 다른 사람 같아 나에게 굉장히 두려움을 주었고, 탈북자에게 어떻게 다가가야할지 몰랐다. 항상 언론에서만 보던 북한의 모습과 영화에서만 보던 북한 말투와 사람들의 모습을 생각했다. 그렇게 불안하고 조금 두려운 마음으로 윤선이를 만나러갔다. 초등학교에 가서 담당선생님을 뵙고 인사를 드리고 아이가 한국에 온지 시간이 꽤 되어서 괜찮을 거라는 말과 몇 년 전에 이 학교를 다니다가 동네의 친구들과 문제가 있어 다른 대안학교에 갔다는 것, 그리고 지금은 잘 적응하고 있다는 것 등 몇 가지 당부사항을 듣고 어울림교실로 갔다. 그곳의 선생님과 대화를 하던 중 선생님의 말씀이 참으로 말투가 특이하시구나하고 생각했는데, 선생님께서 자신을 북한사람이라고 소개하셨다. 그 소리를 듣고 나는 놀라서 당황스러워 하고 있을 때 윤선이가 교실로 들어왔다.

다문화멘토링을 하기 전에 나는 한 초등학교에서 2~3학년 4~5명을 대상으로 부족한 학습능력을 도와주는 멘토링을 한 경험이 있었다. 그때 아이들은 저학년답게 굉장히 밝고 친화력 있었고 나를 선생님으로 예의바르게 대해주었다. 그런 생각으로 윤선이와 만나는 것을 기대했지만, 그 기대는 산산조각났다.

6학년이라고 해봤자 얼마나 크겠어하는 생각도 빗나갔다. 내 생각보다 꽤 큰 키와 조금 화장기 있는 아이가 들어왔다. 인사를 하고 책상에 앉아 형식적인 이야기를 시작했다. 멘토링을 어떻게 진행했으면 좋겠는지, 무엇을 배우고 싶은지 물어보았더니 체육이라고 했다. 굉장히 난감했다. 내가 제일 못 하는 게 운동이기 때문이었다. 그리고 다른 과목을 물으니 뜸들이다가 수학이라고 했다. 이야기하는 내내 윤선이는 내 눈을 보지 않았다. 처음이니까 친해지고자 윤선이를 집에 대려다주면서 여러 이야기를 하려했다. 그러나 윤선이는 나에게 인사만 하고 쌩하고 전화를 받으며 떠나갔다. 아직 내가 어색하구나라는 생각과 친해지는 게 우선이구나 하는 생각을 하고 돌아왔다.

다음 만남을 위해 학교로 갔다. 윤선이에게 1층에서 보자는 전화를 했는데 '아니요. 도서실에서 봐요.'라는 대답을 들었다. 그리곤 조금 늦게 도서실로 왔다. 집에 가방을 가져다 두고 가겠다고 해서 집에 같이 갔는데 그땐 내가 집에 들어오는 게 싫었었나 보다. 문밖에서 기다렸다. 그리고 수원역에 가서 그래도 처음이니 카페를 가서 처음 시작할 때 여러 설문조사랑 계획서를 쓰는데 그때도 정말 성의가 없었다. 그리고 서점에 가서 책을 고를 때도 흥미가 없었다. 그리고 처음으로 공부하는 날 나는 정말 놀랬다. 나는 그날 공부하면서 머리를 뜯는 걸 처음 보았다. 공부에 집중자체를 못했고, 정말 하기 싫어했다. 앞으로 이 아이와 함께 할 시간은 많이 남았는데 자신 없었다. 이 아이의 태도에 대해 원망하기도 했고 이해하려는 생각을 많이 못했던 것 같았다.

윤선이가 나에게 마음을 열기를 바라면서 성의 없는 대답이라도 듣고 싶어 일부러 많이 물어보고 같이 있으려 노력했다. 그러나 9월 달에 윤선이는 정말 많이 약속을 펑크 냈다. 학교에서 3~40분 기다렸던 일도 빈번했다. 그냥 오지 않은 날도 있었고, 와서도 계속 언제 끝나냐 하며 짜증스러운 모습도 많이 보였다. 정말 그때는 이 멘토링이 무슨 의미가 있을까 많이 고민했다. 아이가 원해서 한 것이 아니라 아이의 어머니께서 원한 것이고, 아이는 학교를 마치고 학원을 안다니기에 그 남은 시간을 때우기 위해서라는 멘토링을 하는 것 같았다.

나는 멘토링이 아이에게 오히려 상처가 되지 않을까 많은 걱정을 했다. 내가 학교에 가서 따로 윤선이를 만났고, 그 과정에서 윤선이 친구들과 마주치는 경우도 있었고 다른 아이들을 마주치면 누구냐는 질문에 윤선이는 그냥 말을 얼버무리면서 지나갔다. 아, 이 아이는 멘토링을 숨기고 싶어하는구나. 멘토링이라고 하면 왜 하냐는 질문이 올 테니까. 잘 지내는 아이에게 멘토링을 하면서 도움이 아닌 오히려 상처가 되는 게 아닌가 걱정도 많이 했고, 그만해야 하는 것인가라는 생각도 많이 했다. 그때마다 어떻게 반응해야 할지 고민이 많았다.

그때부터 멘토링의 방법을 바꾸기로 결심했다. 공부 위주가 아닌 여러 가지 체험을 많이 하자는 생각을 했다. 화성행궁 축제에 같이 가기도 했고, 학교에서 체험학습이 있으면 아이를 설득시켜 같이 가기도 했다. 그때 체험학습 가는 아침에도 정말 갑자기 가지 않겠다는 아이 때문에 많이 고생했다. 윤선이네 초등학교뿐만 아니라, 타 학교에서도 온다는 소리에 한국 애들도 오냐는 식의 말과 다 자기 같은 애들이란 말을 물으면서 가지 않으려 했다. 그때마다 나는 이 아이가 우리나라로 와서 상처받은 게 많구나 라는 생각과 더 잘해줘야겠다는 마음이 들었다. 억지로 학교까지 와서 버스에 탑승할 때도 그렇고 아이는 눈치를 많이 봤다. 아, 선생님께 말씀드리지는 못했지만, 정말 바꿔주셨으면 한 것이 있었다. 바로 명찰이었다. 그 명찰에는 '다문화, 탈북학생 멘토링'이라는 용어가 쓰여 있었다. 두 번의 체험학습을 갔을 때, 윤선이는 그 명찰을 끼지 않았다. 이 글을 읽으신다면, 꼭 그 명찰은 그냥 소속 학교와 아이의 이름만 적는 게 어떨까하는 생각을 한다. 조금 큰 아이들은 우리가 생각하는 것 보다 훨씬 민감하다.

그렇게 체험학습을 다녀왔고, 그 전까지만 해도 학교에서만 공부하거나 하던 멘토링 방식을 확 바꿔 같이 도자기도 만들러가고, 학교보다는 아이의 집으로 갔다. 집에 갔을 때 어머니께서 많은 얘기를 해주셨다. 그때 알았다. 아이는 중국에서 태어났고, 중국에서 신변의 위협을 받아 한국으로 넘어오는 과정도 순탄치 않았다는 걸. 중국에서 몇 달간 대만을 거쳐 우리나라로 들어와 국정원에서 또 몇 달간 조사를 받았고, 지금의 집에 정착하기까지 8개월 가까이 걸렸다는 걸. 아이의 나이는 또래 보다 한 살이 더 많다는 걸. 그 기간 동안 아이는 방치되어 있었다고 어머니는 말씀해 주셨다. 그리고 4월에 정착해 이미 학교는 개학하고 아이가 적응하기 힘들었을 것이란 걸. 아이는 처음 적응문제로 다른 학교에 전학 갔다가 다시 왔다고 했다. 나는 내가 하는 멘토링의 방식을 아이가 따라오지 않는다는 이유로 원망했는데, 사실은 따라오기에 정말 벅찼을 공부였을 거라는 생각에 많이 미안했다. 멘티에 대해 알고 나니 아이가 하고 싶은 일들을 하기로 했다. 영화도 보러갔고, 애견카페에 가고 싶다고 해서 개를 조금 무서워하지만 또 가서 추억을 쌓았다. 집에서 멘토링을 하면서 어머니께서는 타지생활(기숙사)이 힘들지 않냐면서 밥을 몇 번 같이 먹기도 했다. 이제 윤선이는 같이 있는 시간이 길어지니 이제는 일주일에 두 번하던 멘토링을 몇 번 더 하자고 한다.

　멘토링을 하면서 탈북자에 대한 선입견을 많이 해소했다. 같은 사람이고, 단지 아직까지 소수이고 그들이 스스로 숨기는 경우가 있기에 마주쳐도 잘 몰랐을 경우도 있었을 것이다. 그러나 결론적으로 다른 사람이 아니구나, 같은 사람이구나, 적응의 시간이 필요한 것 뿐이구나라는 생각이 들었다. 살아온 곳과 완전히 다른 생활환경에서 주위 사람들의 시선 때문에 힘들었을 것이다. 여러 가지 공부뿐만 아니라 다양한 경험을 하면서 우리 문화에 더 적응할 필요가 있는 듯하다.

　바로 이 때문에 멘토들의 역할이 필요한 것이고, 멘토들 또한 나도 마찬가지였듯이 가장 많이 바뀐 것은 내 생각이다. 그전까지 나는 그들이 같은 사람이다 다를 것 없다고는 머리로는 생각했지만, 마음 한편에서는 다르다는 생각과 조금 꺼려지는 마음도 있었다. 처음 멘토링 면접을 봤을 때도 다문화가 무엇인지 질문하셨을 때, 그들과 지금 우리사회를 분리하여 설명하려고 했고, 문화가 다름을 강조했고, 그냥 정말 다르다고 생각했다. 이 다문화멘토링을 하는 이유가 그 학생들을 위한 활동이라고 생각했다. 활동비에 대한 사심이 전혀 없던 것도 아니었다. 그러나 멘토링 활동을 하면서 멘티들뿐만 아니라, 우리 멘토들의 생각도 바뀌는 계기가 되었고, 서로에게 도움이 되는 활동인 듯하다.

  앞으로 얼마 남지 않은 기간 동안에 나는 아이가 하고 싶어 하는 활동을 많이 할 것이고, 정말로 나중에 커서 윤선이가 나와 있었던 시간을 재밌었다고 생각할 수 있는 시간이 되도록 노력할 것이다.

너무나 다른 두 멘티 학생 사이에서

박수지

설레는 마음으로 처음 아이들을 만났던 때가 엊그제 같은데, 벌써 멘토링이 끝나갈 날이 다가오고 있다. 결코 짧지 않을 6개월을 아이들과 함께 보내면서 있었던 일들이 머릿속에 스쳐지나간다. 즐거운 날도 있었고 힘든 날도 있었지만 나에게 있어서 지난 6개월은 큰 의미가 있다고 말할 수 있다. 시간이 지나면 머릿속에서 희미해질 추억이지만 이 기억이 조금이라도 오래 지속되었으면 하는 마음으로, 또 혹시 이 글을 읽는 멘토들에게 조금이나마 도움이 되고 싶은 마음으로 수기를 작성해본다.

6개월 전인 올 5월, 다문화멘토링 멘토를 모집한다는 공고를 보고 '내가 잘 할 수 있을까, 나 같은 사람도 다문화가정 아이의 멘토가 될 수 있을까?' 하는 고민을 많이 했다. 하지만 학교와 기숙사를 왔다 갔다 하고 있었던 나는 무언가 의미 있는 새로운 일을 하고 싶었다. 또한 교육자를 꿈꾸는 나에게 이 일이 도움이 되리라 확신하는 마음에 약간의 걱정을 가득 안고 지원을 했다.

다행히 면접에 합격하여 공식적으로 멘토가 되어 아이를 처음 만나러 가던 길을 생각하면 아직도 두근두근 하다. 다행스럽게도 나는 내가 선택한 멘티와 연결이 되었다. 내가 멘티를 선택하는 데에 있어서 가장 중요시 했던 것은 거리였다. 아무리 아이와 멘토링이 잘 이루어져도, 거리가 멀면 일단 멘토가 지치기 때문이다. 이전에 저소득층 아이와의 멘토링 경험이 있었는데, 거리가 멀어서 힘들었던 경험이 있었기에 거리가 중요한 결정요인이 된 것 같다. 다음으로는 내가 가장 잘 소통할 수 있을 나이를 생각해보았다. 나는 아무래도 과 특성상 어린 아이들과 어울리는 것을 좋아했기에 초등학교 1학년 아이를 선택했다.

이렇게 고민 끝에 나에게 배정된 멘티는 조원초등학교에 다니는 1학년 송아름과 김지수라는 여자 아이였다. 나는 두 아이가 같은 나이이기 때문에 함께 멘토링을 할 수 있다고 생각했고, 즐겁게 하하호호 웃으며 셋이 함께 멘토링하는 모습을 꿈꿨다. 하지만 그것은 말 그대로 꿈일 뿐이었다.

가장 먼저 만난 아이는 아름이다. 아름이는 또래보다 키가 크고 말도 씩씩하게 잘 하는 아이였다. 첫 만남에는 아이와 친해지고자 머핀과 음료를 사가서 함께 먹으며 이야기를 나눴다. 나는 아름이의 성향을 알기 위해 여러 가지를 묻는 질문지를 만들어갔다. 아름이는 나를 처음 보고 조금 어색해하는 듯하더니, 금세 질문지를 또박또박 채워나갔다. 그리고는 질문지의 내용에 대해 함께 이야기를 나누었다. 나는 이야기를 나누는 동안 아름이의 말을 충분히 들어주려고 노력했고, 아름이는 처음에 어색함은 온데간데없고 한 시간 동안 나에게 자신의 이야기를 들려주었다. 간단하게 아름이의 성격과 공부 성향, 수준을 파악하는 것으로 첫 만남은 마쳤다. 아름이는 생각보다 밝은 아이였고, 학업 성적도 좋은 편이기 때문에 앞으로 멘토링에 큰 문제가 있으리라 생각하지 않았다. 또 자신에게 특별한 멘토링 선생님이 생겼다는 사실에 크게 기뻐하는 것처럼 보였다. 앞으로 멘토링을 하면서 그 기대를 저버리지 말아야겠다는 생각을 하며 기분 좋게 학교를 나올 수 있었다.

아름이와 처음 만나고 다음으로 지수를 만났다. 나는 아름이와 만남을 떠올리며 같은 질문지를 준비해갔다. 처음 만난 지수는 조용하고 낯을 가리는 듯 했다. 나는 다시 아름이를 떠올리며 별 걱정은 하지 않고, 같은 질문지를 주었다. 그런데 웬걸, 지수는 질문지에 대해 이야기를 나눌 때 거의 대답을 하지 않았다. 한 시간을 넘게 이야기 나눴던 아름이와는 달리, 지수와 질문지에 대해 이야기를 나누었을 때에는 고작 이십 분이 지나 있었다. 처음이라 부끄러워서 그런가, 원래 조용한 성향의 아이인가 아직 알 수 없었지만 여느 아이들과 같이 시간이 지나면 마음을 열고 말을 하겠지 하고 별 걱정 없이 마찬가지로 멘토링을 마쳤다. 그런데 생각과 달리 아름이와 지수는 같은 학교임에도 다른 반이기 때문에 서로 이름도 얼굴도 모르는 상태였다. 게다가 둘 다 학원을 다녔기 때문에 멘토링 시간이 맞지 않았다. 셋이 함께 왁자지껄 웃으며 멘토링하는 모습을 상상한 나는 매우 아쉬웠지만 1:1로 따로 멘토링을 하기로 했다. 그러나 멘토링은 내 생각대로는 진행되지 않았다.

멘토링은 개인 멘토링과 체험학습으로 나누어서 진행되었다. 개인 멘토링은 일주일에 2번씩 만나 학교에서 공부와 놀이를 함께 했다. 수학 문제집을 풀고 종이접기 활동을 하거나, 독서활동을 하고 보물찾기게임을 하는 등 한 시간 씩 나눠서 멘토링을 진행했다. 나는 전체적으로 최대한 아이 중심적으로 활동하려고 노력했다. 멘토 선생님은 과외 선생님이 아니기 때문에 학습을 할 때도 억지로 시키거나 학원처럼 문제집만 풀지는 않았다. 아이와 함께 학습량을 정하고, 서로 문제를 내어주는 등 게임을 하면서 최대한 즐거운 분위기에서 진행했다. 체험학습은 학교에서 기획한 롯데월드와, 잡월드를 다녀오기도 했지만, 방학 때나 주말에 아이들을 데리고 동물원과 박물관 등 야외 체험활동을 다녀오기도 했다.

가장 힘들었던 점은 아름이와 지수의 성향이 극과 극이라는 것이었다. 아름이는 멘토링을 할 때면 나보다 10배는 더 말을 많이 했다. 자신이 좋아하는 것, 하고 싶은 것을 분명하게 드러내었고, 나는 아름이의 생각에 맞춰서 활동을 진행해나갔다. 하지만 지수는 정 반대이다. 지수는 나와 멘토링을 하는 2시간동안 열 마디도 채 하지 않는다. 심지어 웃지도 않고 인상을 찡그리지도 않는다. 좋아하는 것을 말하기는커녕 아주 간단한 질문이 아니면 대답조차 하지 않는다. 처음에는 낯을 가리는 거라고 생각했지만 한 달, 두 달, 세 달, 네 달이 지나도 지수의 말은 더 줄어만 갔다. 그렇다면 원래 성향이 조용한 아이라고 생각하고 담임 선생님과 이야기를 나누었는데 담임 선생님께서 내 말을 들으시고는 무척 놀라셨다. 지수가 또래에 비해 그리 어두운 성향이 아니라는 거였다. 그렇다면 나와 멘토링 하는 것이 싫은가, 싶었는데 따로 선생님이 지수를 불러서 물어보니 그것도 아니란다. 지수는 선생님께 나와 함께 하는 멘토링이 재미있다고 말했다. 나는 지수 앞에서 일부러 더 웃고 말을 많이 하려 노력했지만 지수는 거의 반응하지 않았다. 심지어 함께 롯데월드나 박물관 등 체험학습을 갈 때면, 아름이는 신나서 말하면서 뛰어다니지만 지수는 뛰어다니긴 커녕 밥 먹는 메뉴조차도 말하지 않았다. 롯데월드에서 밥을 먹으러 메뉴판 앞에서 5분 동안 지수의 선택을 기다리고, 끝까지 말하지 않자 돈까스를 시켜주었는데도 한 입도 먹지 않고 그대로 버려야 했던 때를 생각하면 아직도 한숨이 나온다. 나는 이렇게 극과 극을 달리는 두 아이와 멘토링을 하다 보니 금세 지치기도 했다. 하루는 아름이와 또 하루는 지수와 멘토링을 하는데 두 아이의 반응이 극명했기 때문에 나의 행동에도 혼돈이 왔던 점이 가장 힘들었던 것 같다.

 아름이의 고집을 들어주기에 지치기도 하고, 지수의 무반응에 답답하기도 했지만, 내가 힘을 내서 멘토링을 갈 수 있도록 만든 것은 아이들의 웃음이었다. 때로는 지친 몸을 이끌고 멘토링을 하러 가면, 아름이가 책을 보며 도서관에서 기다리고 있다가 내 얼굴을 보자마자 씨익 하고 웃는 그 미소가 나에게 멘토링의 원동력이 되었다. 거의 웃지 않는 지수도 멘토링을 하러 온 나를 보면 아주 미세하게 입꼬리를 올려 미소를 지었다. 그리고 금세 무표정으로 돌아가지만 말이다. 그래도 아이들이 나를 기다렸구나, 나와 함께 하는 시간이 즐겁구나. 라는 생각에 더 열심히 멘토링을 준비할 수 있었다. 우여곡절 6개월 동안의 멘토링을 거의 마치고 수기를 쓰고 있는 지금 나는 조금 후회가 되는 것이 있다. 좀 더 아이들에게 도움이 되는 활동이 무엇일지, 때때로 나타났던 아이의 당황스러운 반응에 어떻게 대처해야 할지 고민하고 더 적절한 반응을 해 줄걸 하는 후회...

 멘토링은 내가 처음 상상했던 것처럼 마냥 즐겁고 활기차지만은 않았다. 오히려 힘들었을 때가 훨씬 많았다. 아이들의 반응은 너무나 다양했고 나는 전문가가 아니기 때문에 어떻게 반응해야할지 헤맸다. 하지만 지금 생각해보면 이러한 경험이 나를 더 성장시켰으리라 확신한다. 아름이와 지수도 지금까지 멘토링을 할 때면 웃으며 나를 반기고, 잘 따라오는 것으로 보아 나와의 멘토링을 즐거워했던 것 같다. 아직 멘토로서 가장 효율적인 멘토링 방법을 알고 확신을 갖거나, 아이를 능숙하게 잘 다루지는 못한다. 하지만 멘토링을 하면서 가장 확신할 수 있는 것은, 내가 즐거워야 멘티도 즐겁다는 것이다. 아무리 재미있는 활동을 준비해가고, 내가 기분 좋은 척 해보아도 멘티는 귀신 같이 알고 나의 기분을 함께 따라간다. 지난 6개월간의 멘토링은 내가 생각하는 것만큼 멘토링이 완벽하게 이루어지진 않았지만, 나는 즐거웠고, 보람찬 일을 했다는 자부심이 든다.

상호작용을 통해 서로 완벽해지는 과정

김지혜

대학교에 입학하고 난 뒤, 학교 활동 뿐 만이 아닌 대학생의 신분으로 의미 있는 활동을 하고 싶었다. 그래서 여러 가지 대외 활동을 찾아 봤지만 시간상 안 맞는 활동도 있었고, 학교생활과 병행하면서 하기에는 흥미가 떨어지는 활동들이 대부분 이였다. 나의 진로에도 도움이 되고 타인에게도 의미 있는 활동을 찾고 싶었다. 그러던 와중에 다문화멘토링 이라는 활동을 접하게 되었다. 처음에는 학교 건물에 붙은 공고를 보고 내가 하기에는 준비가 덜 되어있는 것으로 느껴져서 마음을 접었었다. 하지만 과 친구가 이미 다문화멘토링을 1년을 진행했던 친구였고, 2016년에도 또 다시 활동을 이어나갈 친구였기 때문에 자세하게 활동 정보에 대해들을 수 있었다. 그 친구도 처음에는 망설여졌지만, 자신의 시간을 투자해서 멘티들과 주기적으로 만나고 활동하면서 더 성숙해지고 얻는 것이 많다고 조언해주었다.

그 얘기를 듣고 난 뒤 바로 활동에 필요한 것을 준비하고 서류 접수를 하였다. 면접 일정이 잡히고 난 뒤, 설렘 반 두려움 반이였다. 면접 날 당일 떨리는 마음으로 면접장소로 갔다. 면접 장소에는 나의 생각보다 많은 학생들이 자리하고 있었다. 나의 부담감은 더 커졌다. 정신없는 와중에 최선을 다해서 면접을 끝냈다. 집에 가는 중에는 과연 내가 오늘 면접을 잘 본 것 인가 라는 생각과 함께 꼭 붙어서 의미 있는 멘토링을 하고 싶다는 생각이 동시에 든 것 같다. 시간이 좀 지난 뒤, 멘토에 합격했다는 연락을 받았을 때는 마냥 기뻤었던 것 같다.

이제 정식 멘토로 합격을 하고 활동을 시작하기 전에 사전교육들이 시작

되었다. 생각보다 활동이외에도 신경 써야 할 부분들이 매우 많았다. 처음에는 과정들이 너무 복잡해서 앞서 멘토링을 진행하고 있던 친구들이나 조장님의 도움을 많이 받았던 것 같다. 여러 가지 사전교육들을 다 마치고 난 뒤, 본격적인 활동을 위해 멘티 들을 배정받는 활동이 진행되었다. 1년 정도를 나와 함께할 멘티를 배정받는 다 생각하니 매우 신중해졌고 많이 떨렸던 것 같다.

여러 가지 조건들 중에 멘티를 배정받고 멘티와 활동을 진행하게 될 상록초등학교에 방문했다. 솔직히 말하면 초등학교 입구부터 기분이 묘했다. 고등학교 이후부터 어린 친구들을 만날 일이 거의 없었기 때문이다. 입구부터 내가 누군지도 모르면서 반갑게 인사를 해주고 관심을 가져주는 친구들 덕분에 부담감이 좀 사라졌었던 것 같다. 담당 선생님을 뵙고 멘티들과의 수업내용과 수업일수에 대해 얘기를 나눴다. 나는 운이 좋게도 2명의 멘티를 희망했는데 2명 다 배정 받을 수 있었다. 따라서 시간을 조정할 때 조금 어려움이 있었지만, 활동 시작일 에는 차질이 없게 잘 조정되었다. 시간을 확정 짓고 부모님들과의 연락 후에 멘토링 활동이 진행되었다.

처음으로 멘티들을 만난다고 생각하니까 너무 들떴고, 그 친구들도 나를 편하게 보고 대해줬으면 좋겠다는 생각들을 했다. 처음에는 1학년 예인이를 만났다. 아직도 생생하게 기억이 난다. 예인이는 첫 만남 때 나를 좀 어려워했었다. 궁금한 게 많아 보였는데도 말을 아끼고 내가 궁금한 걸 물어봐도 좀처럼 쉽게 얘기해주지는 않았다. 하지만 전혀 조바심을 갖지 않고 차차 활동을 하면서 해결 될 일이라 생각했다. 예인이는 한글이 부족해서 책을 여러 권 읽고 독후감을 쓰기를 원했다. 따라서 한 페이지씩 소리 내서 읽으면서 수업을 진행했다. 처음에는 소리 내서 읽기를 꺼려하던 예인이는 점차 내가 편해지면서 자기가 더 많이 읽으려 했고 이야기 내용을 궁금해 하기까지 했다. 그리고 만나면 만날수록 자신의 얘기를 먼저 해주고 멘토 선생님인 나의 모든 것에도 관심을 가져주기 시작했다.

점점 나도 예인이가 날 편하게 대하는 게 느껴지고 난 뒤 나도 매우 편해진 것 같았다. 정말 놀랬던 것은 예인이가 서툰 글씨로 나에게 진심을 담은 편지를 가지고 왔을 때였다. 정말 무심하게 편지를 써왔다면서 살짝 수줍어하는 예인이를 보면서 좀 울컥했었다. 정말 순수하게 나에게 마음을 열어주는 과정이라는 생각이 들면서 요즘 나는 너무 많은 것을 생각하면서 살고 있는 게 아닌 가라는 생각까지 들었다. 학교에서 수업뿐만이 아닌 놀이 활동도 진행하면서 예인이랑은 말로 표현할 수 없을 만큼 가까워졌고 예인이를 통해 얻는 게 많아지고 성숙해지고 있는 나를 발견할 수 있었다.

그리고 나는 6학년 태진이라는 학생과도 멘토링을 했다. 태진이는 처음 봤을 때부터 좀 산만하고 활동 하는 것을 어려워했다. 하지만 나는 태진이가 산만하긴 해도 그 긍정적인 에너지가 너무 좋았다. 따라서 태진이의 긍정적인 에너지는 해치지 않고 공부에는 집중할 수 있는 방법이 없을까 매우 고민했었다. 그러던 와중에 태진이가 넌센스 퀴즈를 매우 좋아한다는 사실을 알고, 그것을 수업에 접목시켰다. 그 방법을 접목한 뒤, 태진이는 퀴즈를 나와 풀고 싶어서 문제를 더 빨리 풀고 집중하기 시작했다.

하지만 고비는 또 찾아왔다. 태진이가 방학을 기점으로 멘토링 활동에 잘 안 나오기 시작한 것이다. 나는 태진이와 진지하게 대화를 해보고 태진이의 생각을 듣고 싶었다. 태진이는 진지하게 멘토링 활동을 맘에 들어 했고, 단지 좀 힘든 것은 방과 후 컴퓨터 수업과 시간이 조금 겹친다는 것이었다. 난 그 얘기를 듣고 바로 수업시간 조정을 해줬다. 태진이는 매우 만족해하였고, 그 뒤로 수업참여율은 매우 높아졌다. 나는 태진이와 수업뿐만이 아닌 중학교 진학에 대한 얘기도 했다.

태진이는 생각보다 중학교나 대학교 진학 등 자신의 진로에 꽤나 많은 관심이 있는 편이였다. 장난기가 많은 태진이가 진로 얘기를 할 때 진지한 모습을 보이면 나는 그 모습에 또 감동하곤 했다. 태진이도 멘토링 활동을 하면서 수업 뿐 만이 아닌 진로 얘기도 하면서 만족해하는 것 같았다. 이 글을 쓰는 시점에서 나는 나의 멘티들과 정말 많은 정신적 교류를 한 상태이다.

나는 나의 멘티들의 변화하는 모습과 그들 덕분에 변화하는 나의 모습이 매우 마음에 들었다. 물론 대학교를 다니면서 활동을 병행하는 데 어려움이 없었다면 거짓말이다. 하지만 점점 그들에 대한 책임감과 애정은 증가하였고, 나는 이 활동을 정말 성실히 이행하고 싶었다. 솔직히 처음에는 다문화 멘토링이라는 활동에 대해 정확히 체감하지도 못했고 내가 할 수 있을까 라는 생각 이였지만 이제는 정말 자신할 수 있고, 이런 값진 경험을 할 수 있었던 것에 대해 매우 감사한 생각이다. 이제 이 활동은 나의 대학생활의 일부분이 된 것 같다.

 멘토링이란 나 혼자 잘한다고 아니면 멘티들만 잘한다고 되는 활동이 아니라 상호작용을 통해 서로 배우고 완벽해지는 과정인 것 같다. 나를 성숙하게 만들어준 나의 멘티들과 멘토링 활동에 큰 감사를 표하고 싶다.

누군가의 삶의 영역 속으로 들어간다는 것은

이은지

나는 아직도 첫 면접을 봤던 그 순간의 기억이 선명하다. 너무나 하고 싶었던 멘토링을 할 수 있을지 없을지가 결정되는 순간이라고 생각했던 그 면접에서 나는 잊을 수 없는 단어 'ㅇㅅ'을 만났다. 면접관님이 다문화멘토링에서 가장 중요하다고 생각하는 것, 이 'ㅇㅅ' 두 자음이 무엇을 뜻하는 것 같냐는 물음의 답이 바로 '약속'이었다. 멘토링을 내가 원하고, 하고 싶어서 하는 것이지만 그렇다고 해서 내가 언제든지 그만두고, 하고 싶지 않다고 이야기할 수 있는 것은 아니라는 것이 다시 한 번 떠올랐기 때문이다. 나 자신을 생각하기 이전에 나와 함께하는 멘티와의 관계를 생각해야함을 나는 그 두 글자로부터 깨달았다. 우리가 앞으로 함께하게 될 시간은 우리가 한 약속이고, 이것은 누군가가 우위에 있고, 언제든지 끝낼 수 있는 사람이 정해져있는 것이 아닌 함께 정하고 지켜나가야 하는 것이기 때문이다. 그래서인지 나는 엄청난 책임감으로 시작했고, 멘티와 함께할 약 1년이라는 시간이 너무나 기대했다. 우리가 약속한 시간을 함께 보내고, 즐기고, 무언가를 배우고 나면 우리는 그 끝에 어떤 모습으로 함께 있을지 궁금했다. 나는 그 시간을 어느새 마무리하고 있는 지금, 다시 한 번 멘티와 함께했던 우리의 시작과 마무리에 있는 지금을 이야기하고자 한다.

나는 총 3명의 멘티를 만나게 되었다. 내가 멘토링을 하고 있는 지역의 특성상 학교가 깊은 산 속 외진 곳에 있었기 때문에 멘토링을 원하는 멘토가 별로 없었다고 한다. 그래서 학교 선생님께서 간곡히 부탁을 하셨다. 누군가 한 명만 멘토링을 하게 되면, 멘토를 배정받지 않은 멘티들이 너무 속상할 것 같다고 말씀하시면서 혹시 어떻게 안 되겠냐고 말씀하셨다. 나도 그 말에 충분히 공감하게 되었고, 선생님과의 미팅을 2번 가진 후에 멘티들과의 첫 만남을 가졌다.

선생님과 멘티가 동행한 그 첫 만남에서 우리는 조금 일방적인 관계였다. 어떻게 했으면 좋겠는 지의 계획서를 멘티에게 보여주고 함께 이야기했지만 어색한 첫 만남에서는 많은 대화가 이루어지지 못했다. 그저 내가 세운 계획을 멘티에게 알려주는 정도로만 그쳤던 것이다. 하지만 우리에겐 간식이라는 우리들의 어색함을 허물 완벽한 선물이 준비되어 있었고, 공통점이 있었다. 그래서 함께 웃고 떠들며 앞일을 기대하는 시간을 가졌다. 함께 셀카도 찍으면서 말이다.

실은 서로에게 너무 익숙한 지금 떠올리는 이전의 기억이라 그런지, 첫 만남의 기억은 잘 나지 않는다. 언젠가 멘티와 함께 우리 첫 만남에 대한 이야기를 한 적이 있었는데, 한 멘티는 이렇게 말했었다. '처음 만났을 때 선생님이 엄청 못생겼다고 생각했는데, 지금은 엄청 선생님이 예쁘다고 생각돼요. 왜 그런 거에요? 이상한 것 같아요.'

멘토링이 진행되며, 함께하는 시간이 점점 늘어나게 되었다. 그러면서 나도 모르게 멘티들에게 놀라는 순간들이 있었다. 내 안의 나도 몰랐던 편견들과 마주하는 순간들이었던 것이다. 멘티가 가지고 다니는 물건이 고가의 물건일 때, 멘티가 방학 때마다 해외에서 다양한 체험활동을 한다는 사실을 알게 되었을 때, 멘티가 여러 학원들을 다니는 것을 알게 되었을 때, 멘티의 경험의 폭이 굉장히 넓을 때 나는 놀라곤 했다. 그저 보통의 초등학생과 보통의 사랑받고 자라나는 어린이들이라면 당연한 경험들의 이야기도 놀랍게 받아들이는 내 모습을 보며 멘티들에게 너무 미안했다. 그리고 스스로 반성했다. 도대체 나는 멘티를 어떻게 생각하고 있었던 것인지를 생각하며 말이다. 모든 가정의 아이들이 모두 똑같은 가정환경과 경험을 가지고 있는 것이 아닌 것처럼 다문화가정의 아이들도 마찬가지였다.

예전에는 만나면 항상 내가 먼저 묻는 질문이 '오늘 어땠어?', '오늘 뭐했어?'였다. 그런데 이제는 이 질문이 필요가 없어졌다. 너무나 당연하게도 만나자마자 이야기꽃이 활짝 피기 때문이다. 그리고 예전에는 어떤 것이 하고 싶은지, 어떤 것을 했으면 좋겠는지를 먼저 물어보곤 했다. 하지만 지금은 멘티들이 먼저 어떤 것을 했으면 좋겠는지, 각자 학교에서 어떤 활동을 했는데 너무 좋아서 다시 한 번하고 싶다고 이야기하는 등 먼저 제안하는 모습을 보이기도 한다.

때로는 학교 선생님에게 말하지 못했던 이야기나 친구 관계, 가족 안에서 있었던 일들, 학교 수업을 잘 따라가지 못하는데 에서 겪는 어려움, 자신의 속상한 마음 등을 터놓고 말하기도 한다. 이런 이야기를 들을 때면 내가 어떻게 반응하고, 특히 가정이나 학교와 관련된 이야기를 들을 때면 학교 선생님과 함께 상의를 해야 하는 부분인지 아닌지를 판단하는 것이 조금 어렵게 다가올 때도 있었다. 하지만 분명한 것은 멘티가 나에게 어떤 이야기한다는 것이 어떤 문제의 완벽한 해결을 원할 때보다 자신의 이야기를 충분히 들어주고, 공감해주는 것이 필요할 때가 많았다는 사실이다. 이렇게 연결고리가 하나하나씩 생기고, 우리 안에서 다양한 이야기가 공유되고 공감될 때면 우리도 모르게 그런 이야기를 해도 '괜찮은 관계'가 되었다는 작은 믿음을 갖고 있다는 생각이 든다.

나와 함께하는 시간이 기다려진다는 멘티, 나와 함께 하는 시간을 위해 학원 시간을 조정하겠다는 부모님, 항상 멘티들과 내가 만나는 시간까지를 반에서 함께 기다려주시는 선생님. 우리가 연락하고 만나는 그 시간이 너무나 당연하고, 익숙하게 여겨진다. 선생님과 함께 한 달에 한번 수기출근부를 정리할 때면 항상 하는 말이 있다. '벌써 시간이 이렇게 흐른 거예요?' 매주 만나는 우리의 시간. 우리는 단 한 번도 잊은 적 없고, 단 한 번도 어긋난 적이 없다. 나에게 멘티와 함께하는 요일과 시간은 이제 더 이상 일정에 표시를 하지 않아도 될 정도로 자연스러운 일상이 되었다.

그럼에도 불구하고 3명의 멘티와 함께하고, 비교적 많은 시간을 보내고, 함께 놀이를 하기도 하고 시네마 데이트를 하기도 하면서 다양한 활동을 하고 있는 나를 보면서 많은 사람들이 힘들지 않느냐고 묻곤 했다. 실은 함께하는 시간 자체는 힘들지 않았다. 그리고 나는 오히려 좋았다. 1명과 함께할 때보다는 2명과 함께 할 때, 그리고 2명과 함께할 때보다는 완전체가 된 3명의 우리들이 될 때가 가장 좋았다. 우리는 우리만의 시너지가 있다. 때로는 서로 장난치며 울고불고 난리칠 때도 있고, 너무 에너지가 많아 감당이 되지 않을 때도 분명 있지만 결국에는 우리 모두의 웃음으로 마무리되곤 한다. 누군가 한 명이 없을 때면 항상 멘티들은 그 없는 1명의 멘티에 대해 이유를 궁금해 하고 함께하지 못한 것에 대해 아쉬워한다. 그렇기 때문에 나는 전혀 힘들지 않다. 오히려 멘티들로부터 에너지를 얻어간다.

멘티의 지난 시간들과 지금의 시간들, 부모님들과 함께 연락을 주고받으면서 알게 되는 멘티에 대한 많은 이야기들이 조금은 힘들 때가 있었다. 즉 누군가의 삶의 영역 안으로 들어간다는 것이 조금은 어렵고, 내가 어떤 마음과 생각으로 멘티와 함께해야 하는지 순간순간 계속해서 고민하게 되면서 힘들기도 했다. 너무 많은 책임감이 생기기도 한다. 그럼에도 불구하고 나는 멘티와 함께하는 이 시간이 좋고 이미 서로가 서로의 삶의 영역 안으로 들어간 것이라면 좋은 사람이고 싶다. 지금도 우리가 겨울방학에 무엇을 할지, 내년에는 무엇을 할지 고민하고 있는 지금 나는 그럼에도 불구하고!라고 외치고 싶다. '그럼에도 불구하고' 함께하는 시간이 너무 좋고, 서로의 삶의 영역 안으로 함께하고 있는 지금, 적어도 나는 좋은 어른이자 선생님이자 언니가 되고 싶다.

멘토링에 ( )은 없다

김보람

"멘티 중심" "100명의 사람이 있으면 100개의 뇌구조가 있고, 100개의 생각이 있다고 생각합니다. 내가 어떤 틀을 가지고 멘티를 그 틀에 맞추려고 하지 않고, 멘티가 진정 원하는 방향으로 멘토링을 진행하고 싶습니다." 멘토링 면접을 볼 때, 멘토링에서 가장 중요하다고 생각하는 한 가지와 그 이유를 말해보라는 질문을 받고 내가 했던 대답이다. 지금까지 내가 받아온 교육은 모든 학생들을 획일화시키고, 나의 생각은 중요하지 않고, 정해져 있는 정답만 알면 되는 주입식 교육이었다. 내가 거의 반년 동안 만났던 멘티들도 그러한 교육을 받아왔을 것이다. 이런 교육에 반감을 가진 나는 멘토링을 하면서 내 멘티들 속의 잠재력을 꺼내주는 멘토링을 하고 싶었다.

내 멘티들은 중학생이었다. 중학생 멘티를 선택한 이유는 경쟁률이 낮아서 쉽게 매칭이 될 것이라는 친구의 말에 혹해서 중학생을 선택한 것이었다. 멘티를 처음 만나는 날, 광덕중학교 앞에 도착해서 하교시간이라 중학생들을 많이 볼 수 있었다. 딱 맞게 줄인 블라우스와 짧게 줄인 치마, 진한 화장은 나의 선택을 후회하게 만들기에 충분했다. 중학생이면 질풍노도의 시기에 있을 텐데, 나 같이 소심한 멘토가 멘토링을 잘 진행할 수 있을지 걱정부터 앞서기 시작했다. 교무실에 도착하자 선생님께서 멘티들을 데려올 테니 잠시만 앉아 있으라고 하셨다. 불안한 마음으로 교무실에 앉아 있었는데, 문을 열고 들어오는 멘티들을 보고 내 걱정은 눈 녹듯이 사라졌다. 내가 학교 앞에서 보았던 중학생들과는 전혀 다른 중학생의 모습이었다. "그래, 풋풋한 중학생의 모습은 바로 이런 모습이지!"라고 속으로 생각하며 멘티들과 인사를 나누었다. 예의바르게 인사하는 모습부터 알아봤다.

　멘토링을 진행하면서 봐 온 멘티들을 한마디로 말하자면 '천사'였다. 학교에서 마주친 선생님들도 나에게 "아이들 정말 천사 같죠?"라고 묻곤 하신다. 내가 버스가 늦게 와서 조금 늦을 것 같다고 문자를 하면 "사고 나지 않게 조심히 버스 타고 오세요~"라고 답장이 오는 아이들이다. 광덕중학교는 산에 위치해 있는데, "선생님 이제 학교 앞이야 올라갈게~"라고 문자를 하면 "넘어지지 않게 천천히 오세요~"라고 답장이 오는 아이들이다. 이런 천사 같은 아이들의 모습을 보면서 나의 모습을 반성하기도 많이 반성했다. 내가 멘티들에게 본보기를 보여야 하는데 오히려 내가 멘티들에게 배운 점이 많았다.

　멘티들이 천사 같다고 해서 멘토링이 항상 원활하기만 했던 것은 아니다. 아무래도 학교에서 진행되는 멘토링이고, 특히 멘티가 중학생이었기 때문에 학습 위주의 멘토링을 하게 된 것이 사실이다. 내 멘티들은 기초가 약했다. 아주 많이 약했다. 아니, 없다고 보는 편이 더 편하겠다. 처음 멘토링을 했을 때는 좀 많이 놀랐다. 내가 유아교육학과라서 유치원에 실습을 나간 적도 있어 비교해보면, 영어는 요즘 유치원생이 더 잘하는 것 같다. 또한 중학생이 나눗셈도 못한다는 사실이 정말 충격이었다. 하지만 나는 놀란 티를 내지 않고 아이들을 응원해주는 것부터 시작했다. "그럴 수 있어, 이제부터 선생님이랑 같이 공부하면 되지!" 그렇다고 해서 내 멘티들이 열심히 하지 않는 것도 아니었다. 수업도 열심히 듣고 수업 중에 모르는 것이 있으면 멘토링 시간에 나에게 물어본다. 나에게 수행평가 대비해주세요, 이 프린트에서 모르는 거 알려주세요, 이거 해주세요 저거 해주세요 요구도 곧잘 한다.

　아이들에게 물어보면 학교 선생님들은 말이 너무 빨라서 따라가기가 힘들다고 한다. 자신들은 모르는 것이 너무 많은데 그것들을 하나하나 물어보면 다른 아이들이 수업을 방해한다고 뭐라고 한다는 것이다. 나는 한국 교육에 너무너무 화가 나기 시작했다. 내 멘티들이 초등학교 수준의 영어나 수학도 못하는 것은 초등학교 때부터 학교 수업을 따라가지 못했기 때문인데, 내가 멘토링을 해보면 이렇게 열심히 공부하는 중학생도 없기에 참으로 안타깝다.

교과서만이라도 이해시키자, 라는 목표를 가지고 내가 세운 멘토링의 핵심은 '반복'이었다. 여름방학동안 2학기 내용의 교과서를 복사해서 똑같은 문제를 5번씩 풀었다. 처음에는 거의 한 문제도 풀지 못해서 내가 도와주었다. 하지만 5번쯤 풀자 처음에는 손도 못 대겠다고 울상을 지었던 아이들이 자신 있게 문제를 풀어나가기 시작했다. 하지만 문제는 개학 후였다. 개학 후에 다시 똑같은 문제를 주었다. 문제를 풀기 시작하더니 못 풀겠다고 하는 것이었다. 나의 한 달 동안의 노력이 물거품으로 돌아가는 순간이었다. 온 몸에 힘이 쭉 빠졌다. 회의감이 들기 시작했다. 멘토링이 힘들어지기 시작했다. 멘토링을 할 때마다 똑같은 설명을 하는 것 같아서 짜증이 날 때도 있었다. 저번 시간에도 설명했고, 그 전 시간에도 설명했고, 지금까지 백 번은 설명한 것 같은데 아이들은 또 모른다. 뭐가 잘못되었을까? 아이들이 밉다가, 학교가 밉다가, 우리나라 교육이 밉다가 했다.

멘토링에 고민이 될 때마다 아이들은 해답을 주진 못했지만 나에게 웃음은 줄 수 있었다. "선생님이랑 같이 공부해서 수행평가 다 맞았어요!" "제가 영어 프린트를 풀다니, 제가 영어를 푼다는 게 신기해요!" "선생님이 설명해 주시면 학교 선생님이 설명해 주시는 것보다 훨씬 쉬워요! 선생님은 정말 설명을 잘 해주시는 것 같아요." "선생님이랑 같이 공부하는 거 좋아요!" 등등… 아이들이 나에게 해주는 주옥같은 말들이 정말 힘이 나게 했다. 공부를 잘 하진 못하지만, 열심히 하는 태도. 그 모습이 정말 예뻤다. 나보다 아이들이 먼저 나서서 공부하자고 할 때도 많았다. 주말에 혹시 시간이 되시면 같이 공부하자고, 제발 부탁드린다고. 결과론적으로 얘기하긴 싫지만, 나와 아이들의 노력의 결실은 시험에서 맺어졌다. 30~40점이었던 아이들의 점수가 80~90점으로 오른 것이다!

학습 말고도 아이들은 종종 나에게 진로에 대해서 묻곤 했다. 내 멘티 중 수애는 오빠가 한 명, 동생이 다섯 명이고, 민정이는 오빠가 한 명, 동생이 세 명이다. 민정이는 부모님이 빨리 고생을 덜 하셨으면 좋겠다고 말하면서, 나에게 인문계 고등학교를 가서 대학을 갈지, 실업계 고등학교를 가서 바로 취직을 해서 돈을 벌지 물었다. 너무 어려운 질문이어서 그 자리에서 대답하진 못하고 생각을 해 보았다. 나는 내가 대학을 다니고 있는 입장으로서 그다지 대학의 장점을 모르겠다. 그렇다고 실업계를 가서 취직을 하라고 하는 것이 옳은 선택일까? 많은 고민이 되었고, 내 주변 사람들에게도 많이 물어봤다. 하지만 그 누구도 정말 어려운 질문이라고 공감해줄 뿐, 답을 내려주지는 못했다.

끝나가는 시점이긴 하지만, 나와 멘티들은 아직도 한창 멘토링을 진행하고 있다. 거의 반년이라는 시간동안 같이 공부하고, 같이 고민하고, 같이 시간을 보냈다. 여러 가지 방법으로 멘토링을 진행해 보면서 답이 보일 듯하다가 사라지기도 했고, 이 방법은 아닌 것 같다는 생각이 드는 방법도 있었다. 나는 멘토링이 끝날 때까지 고민을 멈추지 않을 것이다. 이쯤에서 내가 면접 때 말했던 말을 다시 새겨보고자 한다. 100명의 사람이 있으면 100개의 뇌 구조가 있고, 100개의 생각이 있다. 100명의 멘토와 멘티가 있으면 100개의 멘토링이 있다. 멘토링에 정답은 없다. 멘토와 멘티가 맞다고 생각하는 방법이 바로 정답이 된다.

여름날의 닭의 장풀

이명희

중학교 때 한문시간에 '교학상장(敎學相長)'이란 말을 배웠다. '서로 가르치고 배우며 성장한다.'라는 뜻이다. 그 말을 듣고 선생님의 꿈을 가졌었다. 지금은 평범한 대학생일 뿐이지만 대학생 신분으로 선생님이 되어 아이들과 공부할 수 있다면 좋을 것 같아 멘토링 프로그램에 신청하게 되었고 운 좋게도 합격도 하게 되었다.

배정받은 멘티는 두 명의 초등학생이었다. 초등학교 졸업한지는 까마득한지라 멘티들과의 만남 전까지 자료도 많이 찾아보고 책도 많이 읽었다. 멘티가 둘이어서 그 부담도 배로 느껴졌다. 나진이와 푸름이는 어머니는 일본인, 아버지는 한국인이시다. 언니인 푸름이와 동생인 나진이, 그리고 이제 막 돌이 지난 남동생이 있다. 만나보니 웃음이 끊이질 않고 꽃과 리본에 눈을 빛내는 평범한 초등학생들이었다.

언니인 푸름이는 동생이 둘 있는 장녀라 그런지 늘 의젓하고 양보하고 괜찮다 말한다. 나도 장녀라 그 마음 잘 알지만 어린 나이에는 자기 욕심대로 채워줘도 늘 부족하다 말하게 되는데 동생인 나진이에게 늘 양보하고 어른스럽게 타이르며 가끔은 혼도 내는 모습을 보고 있으면 '나보다 낫다'싶을 때도 있다. 하지만 어린 소녀답게 알록달록한 학용품이나 앙증맞고 귀여운 물건을 볼 때는 눈을 반짝이며 온 얼굴로 환하게 웃는데 그 모습이 참 예뻐 저도 모르게 같이 웃게 된다. 나진이는 늘 당차고 활발한 귀여운 소녀. 늘 팔랑팔랑 큰 목소리로 저만치서도 뚜렷한 존재감을 드러내면서 한껏 웃으면서 반긴다. 처음 멘토링을 시작하게 됐을 때 너무 귀여워 이런 모습들에 여러 번 심장을 부여잡기도 했다.

　내가 가서 아이들에게 해주는 것은 공부를 돕는 것이었다. 학교에서 지원을 많이 해주는 편이어서 처음에 계획했던 활동들은 접어야했다. 그러다보니 아이들과 내가 만나는 시간은 늘 붙잡혀 공부하는 시간이 되었다. 심지어 짧지 않은 시간임에도 아이들은 조금의 투정만 있을 뿐 늘 잘 따라준다. 그게 미안해 작은 약속들을 한다. 여름방학에는 경황이 없고 늘 긴장해 있어 여유를 가지고 아이들을 위해 해줄만한 일을 제대로 해주지 못했다. 길지 않은 시간을 함께하는 데 귀한 시간을 헛되이 써버린 것만 같아 늘 미안하다. 나조차도 여유가 없어 허덕이던 시간을 나보다도 어른스럽게 참으며 나에게 늘 예쁜 말로 웃음 짓게 해줘 참 고맙고 미안했다.

　내가 보는 모습은 교실에서 학습지와 문제집을 번갈아가며 문제만 풀던 모습이라 안전문제만 아니라면 교외에도 나가고 싶은 생각이 많이 들었다. 그러던 차에 체험학습을 두 번 나갔었다. 체험학습으로 양평에 놀러갔을 때는 이런저런 체험학습을 하면서 참 많이 웃기도 하고 뛰어다니기도 하며 호기심 어린 눈빛으로 여기저기를 둘러보던 모습이 기억에 많이 남는다. 특히 푸름이는 쑥스러워 사진 찍을 땐 잔뜩 긴장한 얼굴로 입꼬리만 겨우 올리던 모습이 참 귀여웠다. 사실 양평에 갔을 때는 나진이가 더 즐거워했던 것 같다. 나진이는 지치지 않는 웃음주머니를 가지고 있는 것 같다. 말 그대로 '꺄르르' 웃는데 보는 누구도 같이 웃을 수밖에 없도록 만든다.

　나진이와 푸름이 어머님은 일본인이시다. 내가 고등학교를 다닐 때 제2외국어로 일본어를 배웠는데 그때의 기억으로 지금도 아이들과 일본의 풍습이나 말들을 같이 공부한다. 이럴 때는 멘토와 멘티가 아니라 그냥 또래 친구가 된 것처럼 가볍게 수다를 떨기도 한다. 내가 책에서만 봤던 일본의 모습과 사람들을 말하면 방학에 외갓집에 다녀왔다던 아이들은 실제로 본 것은 어땠으며 그 느낌까지도 생생하게 전해준다. 대한민국 밖을 벗어나 본 적이 없는 나는 아이들의 이야기를 귀를 기울여 듣는다. 아이들의 맑은 눈으로 다양한 표현을 통해 그 모습이 눈앞에 있는 것보다도 더 생생하게 다가오기 때문이다. 또 일본을 생생하게 듣는 것보다도 즐거운 것은 본인들은 모르겠지만 아이들이 그 즐거웠던 추억을 되살리며 말을 할 때에 얼마나 예쁘고 빛이 나는지 모른다.

　나진이와 푸름이는 들꽃을 참 좋아한다. 여름의 어느 날 멘토링이 끝난 후 집으로 같이 가는 길에 갑자기 아이들이 길가로 달려가 무언가를 한참이나 들여다보고 있었다. 손톱만한 작은 꽃을 가진 식물이었는데 이름은 닭의장풀이란다. 시골에 살던 나인지라 모양새는 익숙하나 이름은 생소했다. 익숙하기만 하다는 내 말에 아이들은 이내 가방을 내려놓고 쭈그리고 앉아 꽃을 요리 조리 보며 사이좋게 설명을 시작했다. 참 많이도 본 꽃인데 여태껏 이름 하나 모른다는 게 이상하다며 궁금하지도 않았냐고 했다. 궁금했던가? 그런 것 같기도 하고 아닌 것 같기도 하다. 길에 핀 들꽃이 얼마나 많은데 다 궁금해 하고 공부를 할 수 없지 않느냐 했더니 아이들은 내가 이상한 듯 갸웃거렸다. 이렇게 예쁜 꽃이 피어있는데 눈에 안 들어오고 궁금해 하지 않을 수 있냐고 했다. 그 말에 꽃을 들여다보니 노란 술을 가진 소담스러운 꽃이 눈에 들어왔다. 귀여운 꽃이라고 말하자 나진이가 그것보라며 다시 설명을 시작했고 앞으로 모르는 들꽃이 있다면 물어보라고 했다. 예쁜 들꽃의 이름은 많이 안다며. 그 말에 한참 웃고 들꽃선생님이라면 칭찬을 해줬었다.

　이런 아이들을 보면 언젠가 읽은 글이 생각난다. 어른들이 자꾸 시간이 안 간다고 하는 이유는 아이들만큼 기억에 남을만한 추억이 쌓이지 않아서라고. 그도 그럴 것이 같은 일상에 지쳐 사는 어른들보다는 별 것 아닌 일에도 웃음을 터트리며 즐겁게 느끼는 아이들이 시간을 더 바쁘게 쓰고 있는 것 같아 보인다. 바쁜 시간 쪼개 나를 만나 내게 또 다른 인생을 알려주고 있는 아이들에게 감사하는 마음으로. 뒤돌아보니 함께한 시간이 꽤 길었다. 그동안 서로 마음을 몰라줘 조금 서운한 기억도 있었지만 나에게는 시간의 소중함과 사람과의 인연, 그 인연이 가져오는 아름다운 기억들이 더 많았던 것 같다. 어린아이들의 눈으로 바라보는 세상들도 보았으며 똑같은 일상에 지쳐 미처 몰랐던 소중함도 차차 알아나가는 중이다.

곧 있으면 아이들과의 멘토링은 끝이 난다. 멘토링은 끝이 날지라도 인연은 끝이 아닐 것이다. 여름에는 우리 집에도 놀러오라고 미리 초대했고, 아이들도 자주 연락하고 보고 싶을 땐 언제든지 학교에 놀러오라고 했다. 짧게만 느껴졌던 시간들이 많이 아쉽지만 남은 시간을 더 알차게 보내며 마무리할 생각에 마음이 뿌듯해진다. 멘토링을 할 때보다는 자주 만나기도 힘들겠지만 나중에 보다 더 성장한 모습을 보면 반갑고 새로운 마음이 들 것 같다. 의미 없이 흘러가는 시간 속에서 파랗게 피어있는 닭의장풀을 만나 한 길 쉬어가는 시간을 통해 나 자신에게도 많은 도움이 되었고 아이들 또한 좋은 추억으로 간직하는 시간이 되었길 바라며 남은 시간도 아이들을 위해 노력하고 생각하는 멘토가 되어야겠다고 생각했다. 이런 소중한 기회를 준 예쁜 멘티들에게 다시 한 번 감사하다고 말하고 싶다.

한 사람의 마음을 얻는다는 것은

고아영

나는 어릴 적 외할아버지 집에 세 들어 사는 외국인 노동자들을 많이 봤었다. 그때 나는 그들이 돈을 벌기 위해 잠시 우리나라에 머물렀다가 다시 그들의 나라로 돌아가는 사람일뿐이라고 생각했다. 하지만 요즘에는 우리나라에 많은 외국인들이 정착하여 살기도 하고 외국인이 한국 사람과 결혼을 하여 자녀를 낳고 한국에서 가정을 꾸려 나가는 사람들도 점차 많아지고 있다는 이야기를 자주 들을 수 있다. 그러나 그런 이야기를 많이 들었을 뿐 우리나라가 다문화 사회가 되어가고 있다는 사실이 마음에 와 닿지 않았다. 그러던 중 대학동기가 '다문화멘토링'이라는 프로그램에 참여하고 있다는 것을 알게 되었다. '다문화'라는 단어와 '멘토링'이라는 단어는 잘 알고 있었지만 '다문화멘토링'은 나에게 생소했다. 다문화멘토링은 대학생이 멘토가 다문화가정에서 자란 아이들이 다문화라는 울타리 안에서 그들의 정체성을 잃지 않고 올바르고 밝은 아이들로 성장할 수 있도록 도와주며 함께 인연을 맺는 프로그램이었다.

평소에 아이들을 좋아하기도 했고, 다문화가정의 아이들과 인연을 맺는 특별한 프로그램이라고 생각하여 다문화멘토링에 지원해 5월 말부터 멘토링을 하게 되었다. 멘토링 활동에 앞서 나는 두려움보다 너무나도 큰 설렘과 기대감을 갖고 있었다. 멘토로서 멘티에게 누구보다 잘해주고 잘 이끌어 줄 수 있다는 자신감이 있었다. 하지만 그것은 나의 자만이었다. 결코 멘토링 활동은 처음부터 순탄하지만은 않았다.

나의 멘티는 북한이탈주민 가정 자녀인 초등학교 5학년 남학생이었다. 나에게는 친동생이 없었고 심지어 친척동생들 중에서도 남동생이 없었기 때문에 초등학교 5학년 남학생 멘티를 처음 만난 순간 어떤 말을 해야 할지, 또 어떻게 대해야 할지 몰랐다. 나의 그런 부족한 모습 때문이었는지 그 멘티는 학교수업이 끝나고 나를 만나는 것보다 친구들과 PC방 가는 것을 더 좋아했다. 다문화멘토링 활동에 대해 내가 예상하고 상상했던 시나리오들이 어긋났고 제대로 된 멘토링을 하기도 전에 자신감이 없어졌다. 그렇게 첫 번째 멘티와는 아쉽게도 끝까지 인연을 맺지 못하였다. 그때는 멘티에게 서운하기도 했고 내가 기대를 많이 했기에 그 만큼 실망감도 컸다. 하지만 시간이 지나고 돌이켜 생각해보니, 한편으로는 멘티의 마음의 문을 열어주지 못했던 것이, 멘티에게 더 다가가지 못했던 것이 미안했다.

그 후 방학이 끝난 뒤 두 번째 멘티를 만나게 되었다. 두 번째로 만난 멘티는 다행히도(?) 첫 번째 멘티와 같은 초등학교, 같은 반인 여학생이었다. 첫 번째 멘티와의 경험을 교훈삼아 두 번째 멘티와의 만남에서는 '첫째, 멘티에게 너무 큰 기대를 하지 말 것. 둘째, 끝까지 멘티의 마음의 문을 두드리며 기다릴 것'이라는 목표를 마음에 새기고 멘티를 만나러 갔다. 나의 두 번째 멘티 가영이는 초등학생 5학년이라고 하기엔 조금 키가 작았지만 동그란 얼굴에 살짝 아래로 쳐진 눈, 앞머리 없이 머리카락을 모두 하나로 질끈 묶어 귀엽게 위로 퍼진 잔머리를 가진 아이였다. 내가 교실로 들어갔을 때 가영이는 나에게 예의바르게 인사를 했다. 가영이는 내가 묻는 말에 대답도 꼬박꼬박 잘해주었고 처음 만난 사이였지만 처음 만난 사이가 아닌 것처럼 나에게 낯을 가리지도 않았다. 이번에는 정말 나와 잘 맞는 멘티를 만나게 된 것 같아서 기뻤다.

가영이는 중국인이었다. 다시 정확히 말하자면 가영이는 재중동포였다. 가영이는 아무런 거리낌 없이 자신의 부모님과 자기는 조선족이라고 말했다. 가영이는 초등학생 2학년 때 부모님과 함께 한국에 왔다고 했다. 가영이를 길에서 우연히 만났더라면 나는 가영이가 영락없이 한국인이라고 생각했을 것이다. 그만큼 가영이는 한국말도 잘했고 한국 여러 곳곳을 나보다 더 많이 다닌 것 같았기 때문이다. 담임 선생님의 조언에 따라 나는 가영이와 일주일에 한번, 1시간은 영어공부를, 1시간은 공부가 아닌 다른 활동을 했다. 멘토링을 새로이 시작하면서 나는 몇 주간 공부가 아닌 활동들을 어떻게 하면 가영이랑 즐겁게 놀 수 있을까를 곰곰이 생각하면서 열심히 수업준비를 해갔다. 솔직히 가영이보다 내가 더 가영이를 좋아하고 가영이를 만나는 것을 좋아했던 것 같다.

하지만 시간이 지나 가영이와 내가 좀 더 가까운 사이가 되자 가영이는 조금씩 나의 말을 잘 듣지 않기 시작했다. 담임 선생님이 계시지 않을 때는 공부를 아예 하지 않았고, 나에게 거짓말을 하고 내가 말을 하면 대답도 잘 해주지 않았다. 또 다시 나는 실망을 하고 말았다. 이번에도 역시 나의 기대가 너무 컸던 것이었다. 나의 기대가 너무 컸기에 멘티 학생에게 바라는 것이 많아졌고 멘티가 기대했던 것만큼 나를 따라와 주지 않을 때는 속상했다. 그래서 나는 마음을 다시 고쳐먹기로 다짐했다. 멘티와 어떤 활동을, 어떤 결과물을 만들어야겠다는 생각보다 그냥 멘티와 함께 있어주면서 멘티의 이야기에 좀 더 귀기울여주기로 했다.

내가 보기엔 나의 멘티 가영이는 말도 잘하고 그림도 잘 그리고 공부도 충분히 잘했다. 하지만 가영이는 언제나 자신은 항상 못하고 부족하다고 말을 하였다. 그래서 나는 가영이에게 칭찬과 격려를 많이 해주었다. 어렵다고 포기했던 문제들을 조금이라도 접근하고 시도하려고 했을 때 그에 대한 노력에 대해 칭찬해주었고, 그림 그리기 중에서 특히 사람의 옷을 상상하여 그리는 것을 좋아하는 가영이에게 패션디자이너라는 직업에 대해 이야기를 해주면서 가영이의 장래희망의 꿈을 격려해주었다. 가영이가 거짓말을 하고 나에게 장난을 치면 나도 정말 가영이의 또래 친구처럼 거짓말을 받아주고 나 또한 거짓말로 장난치고 그렇게 놀아주었다. 이렇게 내가 멘티의 말과 마음에 귀기울여주고 관심을 가져주니 멘티도 나에게 마음에 문을 열어주었다. 항상 나와 함께 있는 것이 좋으냐고 물으면 "그냥 보통이에요"라고만 대답하던 가영이가 이제는 나와 함께 하는 시간이 얼마 남지 않았다는 사실을 알고 서운해 하였고, 내년에도 같이 했으면 좋겠다고 말을 했다. 담임선생님께서도 가영이가 나에게 의지를 많이 하고 내가 가르치지 않았던 다른 과목의 성적도 많이 올랐다고 말씀해주셨다.

가영이와 9월부터 멘토링을 시작하면서 짧다고 생각하면 짧은 시간, 길다고 생각하면 긴 시간을 함께 보내면서 나의 멘티 가영이만 변한 것이 아니고 나 또한 많이 변했다. 다문화멘토링을 시작하기에 앞서 너무나도 큰 기대를 해서 그만큼 큰 실망을 하는 일도 있었지만 가영이와 함께 한 시간은 나에게 너무 가치 있고 소중한 시간이었다. 어떤 한 사람의 마음을 얻는 다는 것은 어린아이부터 어른에 이르기까지 어려운 일이다. 특히, 다문화가정 아이들의 마음을 얻는 것이 더 어려운 일일지도 모른다. 우리가 아이들에게 기대하고 바라는 것이 너무 커서 아이들의 진심어린 마음을 보지 못한다면 우리는 아이들의 마음을 결코 얻지 못할 것이다. 나는 우리가 아이들이 무언가를 하길 바라고 우리의 뜻대로 하길 바라는 것이 아니고 아이들을 지켜봐주고, 관심을 가져주고, 기다려주는 것이 진정으로 아이들의 마음을 얻을 수 있는 것이라고 생각한다.

함께 win-win하는 다문화멘토링

차정희

2010학번으로 복학 후 어린 후배들과 수업을 들으며 학업에 매진하고 있었던 4월 달이었다. 전공 수업을 끝마치고 강의동을 나서는 순간, 사회과학대학 건물 옆에 큰 현수막 속엔 '다문화·탈북 멘토링 활동'에 뜻있는 역할이 되어줄 학생들을 모집하는 문구가 보였다. 나는 재학시절 동안, 일찍부터 휴학을 하면서 국가직공무원 시험을 준비했었다. 대외활동이나 기타 학업 외의 것들을 제대로 참여해 본 기회도 없었고, 할 시간도 여건상 많지 않았다. 그래서 더욱이 활동에 대한 막연한 두려움과 걱정이 앞서 고민을 정말 많이 했다.

하지만 언제부턴가 계속 무언가 설명할 수 없는 끌림이 나를 자꾸만 유혹하였다. 결국, 나는 마음이 이끄는 대로 신청해 버렸고, 서류 통과 후 최종면접까지 오게 되었다. 그때의 에피소드가 있다. 바로 면접관님의 말씀이다. 스펙을 위해? 전공에 도움 되려고? 호기심에? 등등. 압박 면접이 잊히질 않는다. 내 인생에 그런 압박 면접이 처음이라 많이 당황스러웠지만, 누구나 그런 생각을 하고 사실 그런 이유로 많이 하기도 한다고 들었다. 하지만 나는 그러한 이유로 하고 싶지 않았다.

나는 멘토링 활동뿐만 아니라 원래 봉사에 대한 나름의 소신이 있었으므로, 나눔이 필요한 곳에 기꺼이 도움이 되고 싶은 마음으로 조금씩 소규모의 곳곳에 뜻있는 봉사를 해 왔었다. 20살 때부터 마음이 맞는 친구들과 민간이 운영하는 곳의 봉사도 해왔었다. 하지만 이 활동은 다소 달랐다.

내가 맡은 아이들은 오산의 금암초등학교를 다니고 있는 강수민과 민정

기다. 학년과 수준, 그리고 무엇보다도 부모님의 출신국가가 달랐기 때문에 서로에 대한 보호 차원에서 각각 수업을 진행하였다. 다른 멘토들도 많은 고민들이 있었겠지만, 나 또한 적지 않은 어려움이 있었다. 아이들의 성향에 따라 수업방식을 달리 해야만 했고, 아이들이 원하는 부분, 학부모님께서 원하는 부분, 담임 선생님의 희망, 학교 내의 규칙에 따른 제약, 나의 목표 등 많이 부딪치고 쉽지 않은 부분이 많았다.

나는 많을 것들을 번뇌하며 고민하던 찰나에 해결책을 찾을 수 있었다. 그것은 바로 멘토링 활동의 중간마다 정기적으로 자체 연수를 통해서였다. 늘 아이들에게 제일 중요한 것이 무엇인지에 대해 골똘히 생각해 왔다. 무엇보다도 내가 아이에게 무겁고 권위적인 모습이 아닌, 힘들었을 아이들의 마음에 진정성 있게 다가가고 싶었다. 내가 제일 좋아하는 말이 '진정성'이기도 하다. 본래 사람을 대한다는 것 자체가 어렵기 마련인데, 한국 사회에 적응하기 위해 정신적·경제적으로 도움을 필요로 하는 아이들에게는 더더욱 어려울 수밖에 없다. 소통이 이루어진 후에, 공부는 그 다음 일이며 성적은 당연히 자연스럽게 오르게 되기 마련이라고 믿었다. 단기전이 아닌 장기적으로 본다면 확실히 중요한 부분이다. 힘든 순간이 찾아온 적도 있었지만 믿음을 갖고 긍지로 진행하였다.

실제로 내가 가르친 아이들의 성적과 학습태도는 놀라울 정도로 많이 상승했다. 이에 따른 부분을 담임 선생님께서 종종 말씀해 주셨다. 또한 이번 추석에 학부모님께서도 소정의 선물과 감사의 표시로 장문의 편지를 써 주셨는데 솔직히 정말 뿌듯했고 나 스스로 너무나 대견스러웠다. 정말이지 이런 순간들이 나 또한 한 걸음 더 성장하는 순간이 되었다.

물론 아이들 또한 육안으로도 많은 변화가 있었다. 처음엔 다소 공격적이거나 모든 활동에 의지가 없었고, 말을 조리 있게 잘 하지 않았다. 약 6개월이 흐른 뒤, 내게 먼저 다가오며 웃고 재잘거리는, 영락없이 밝은 모습이 되었다. 다양한 방식으로 공부를 해도 적극적인 자세를 취했으며 아이들에게 기본적인 습관과 조언을 끊임없이 하려고 노력했다.

하지만 아직까지도 개선되어야 할 부분은 분명이 있다. 가장 속상했던 부분은 출석여부였다. 그 순간은 재미있고 좋은 시간이지만, 다음 수업을 기약하는데 늘 연락이 두절되고, 부모님과 선생님들 또한 수고스러움이 많으셨다. 이 사업의 취지를 정확히 아신다면, 이러한 당황스러운 상황들이 줄어들겠지만 아직까진 그들 또한 교육이 없다는 점으로 보아 나는 안타깝고 많이 아쉽다는 생각이 들었다.

어느덧 멘토링은 끝을 향해 달려간다. 시원섭섭했다. 언제나 어느 일이든지 간에 '종료' 혹은 '끝'이라는 순간은 늘 아쉬움이 많이 남는다. 수업시간마다 부족했을 나의 모습에 대한 후회와 더 좋은 모습을 보여주지 못한 것 같은 반성과 정들었던 아이들과의 헤어짐 등 셀 수 없이 너무 많다. 아이들 덕분에 내가 성장할 수 있었고, 마음 따뜻한 순간을 추억할 수 있었으며 기타 여러 가지로 보았을 때, 정말 많은 것들을 배웠다. 말로 다 표현할 수 없다.

또한 '멘토링 활동'을 통해 교내의 타 학과 학우들과 교류할 수 있는 만남의 장이 되었고, 교수님들께서 강연해 주신 그 깊은 뜻을 소중히 간직할 수 있었다. 덧붙여 대외활동이라는 명목아래 받은 봉사시간도 벌써 150시간 이상을 채웠고, 동시에 한국장학재단에서 매 달 장학금도 받았다. 나와 같은 학생들에겐 이 모든 것들이 현실적으로 더할 나위 없는 감사한 부분이며, 이 사업은 혜택을 받은 아이들과 대학생들 모두에게 도움이 된 win-win 사업이었다. 나를 포함한 이번 활동에 참여하신 모든 분들에게 박수쳐 주고 싶다. 모두가 주인공이다.

이제 며칠 안 남은 멘토링 활동을 부지런히 할 일만 남아 있다. 모두들 남은 시간까지 즐겁게 활동하고, 마지막에는 서로 웃으며 인사했으면 좋겠다. 앞으로 살아갈 나의 남은 인생에 있어서 멘토링 활동은 한 편의 책과 같은 시간으로 영원히 기억될 것이다.

3년이란 길고도 짧은

이현민

다문화멘토링을 시작한 지 벌써 3년이 다 되어갑니다. 처음 멘토링을 시작할 즈음에 '잘 할 수 있을까?', '어떤 아이와 파트너가 될까?', '어떻게 멘토링을 진행해야 멘티에게 도움이 될까?'라는 생각을 많이 했습니다. 설레기도 하고 한편으로는 책임감 때문에 마음이 무겁기도 하였습니다. 멘토링을 시작하니 마음은 가벼워지고 설렘은 배가 되었습니다. 다문화가정 아이라서 멘토링이 힘들 줄 알았는데 그것은 저의 편견에 불과했습니다. 처음부터 강한 믿음을 내보이고, 열심히 하는 멘티의 태도에 감동을 받았습니다. 다문화탈북학생 멘토링은 학습도 중요하지만 아이의 정서발달이 우선이라고 생각하여 멘토링은 멘티가 원하는 방향으로 멘토링을 진행하였습니다. 부족한 과목 공부도 하고, 모르는 숙제도 도와주고, 대외활동 준비 등을 함께 했습니다. 그 결과 멘티의 성적이 향상되고, 글쓰기, 말하기 대회에서 상을 받으면서 소극적이었던 멘티가 모든 활동에 적극적으로 참여하게 되었습니다. 학교에서 내준 숙제를 몰라서 하기 싫었다고 하던 멘티가 지금은 꼬박꼬박 숙제를 하고, 모르는 문제더라도 자신이 할 수 있는 데까지 포기하지 않고 풀었습니다. 또한 학교에서 있던 일이나, 친구들, 가족들한테는 말하지 못하는 말 등 고민 상담으로 인해 사이가 멀어졌던 친구들과 화해를 하게 되고, 가족들과 대화를 많이 하게 되었다고 합니다. 멘티가 좋은 모습으로 변화된 것이 눈에 띄었는지 부모님과 담당 선생님께서 저에게 많이 고마워하셨습니다. 이렇게 첫 멘티와 성공적인 멘토링을 진행하여서 부모님의 요청으로 멘티 동생과 선생님의 요청으로 멘티와 같은 학교 학생을 함께 맡게 되었습니다.

잔잔하게 흘러가던 멘토링이 기존 멘티와 남학생 멘티 2명을 맡게 되면서 정신없이 바쁘게 진행되었습니다. 초등학교 3학년, 5학년, 중학생 1학년이 함께 모여 멘토링을 시작을 했습니다. 초등학생인 남자 멘티들은 멘토링에는 관심이 없고 자기들끼리 떠들고 놀기에 바빴습니다. 멘토링을 잊고 집에 가거나, 하기 싫어서 오지 않는 날이 많았습니다. 그래서 멘토링이 있는 전날에 부모님과 담당 선생님께 연락을 미리 드려 아이들이 집에 있거나 학교에서 있으면 꼭 수업에 보내달라고 말씀드렸습니다. 그 뒤로 멘토링을 빠지지 않고 오지만 숙제를 내줘도 해오지 않고, 공부를 하기 싫어하고, 핸드폰 게임으로 쉬는 시간을 보냈습니다. 멘토링의 의미가 없는 것 같아서 아이들에게 자신이 직접 멘토링 시간 계획을 짜도록 제안하였습니다. '1시부터 2시까지 공부, 3시부터 4시'까지 놀기가 아니라 '1시부터 2시까지 국어 몇 페이지, 수학 몇 페이지, 3시부터 4시까지 운동장에서 축구'등 아이들이 스스로 지킬 수 있는 분량과 놀이 방법을 정하도록 하였습니다. 초반과 다르게 아이들이 자신들이 짠 시간표를 보면서 공부를 하고, 정해진 시간에 휴식을 취하면서 수업이 진행되었습니다. 공부가 재미가 없어서 집중을 못할 때는 공부와 관련이 있게 게임을 응용하여 수업을 하였습니다. 구구단을 외울 때는 종이에 답을 만들어서 제가 낸 문제의 정답을 누가 빨리 찾는지, 영어 공부를 할 때는 영어 빙고를 하였습니다. 아이들이 핸드폰과 영어사전을 이용하여 단어를 찾으면서 눈에 익힌 다음 빙고 판에 영어를 적어서 빙고게임을 하고, 단어를 외웠는지 확인을 하기 위해 제가 어릴 때 하던 행맨 게임을 하였습니다. 이렇게 공부를 놀이처럼 응용하니 아이들이 흥미를 가지고 적극적으로 공부를 했습니다.

또한 '지피지기 백전불패'라고 아이들에 대해 충분히 알아야 멘토링 활동에 조금 더 도움이 될 것 같아서 정기적으로 부모님과 담당 선생님과 만나서 아이들 학교생활과 성적 등을 이야기하였습니다. 책 읽는 양이 다른 친구들보다 적다고 말을 들은 날에는 학교 도서관에 가서 같은 책을 읽었습니다. 멘티 혼자만 책을 읽으면 재미가 없어서 집중해서 안 읽을 것 같아서 같이 읽은 뒤, 그 책 내용에 대해서 서로 독후감을 쓰고 토론하였습니다. 이렇게 진행하다 보니 멘티의 상상력이 풍부해지고, 어휘력이 많이 늘었다고 선생님께서 칭찬해주셨습니다. 제가 노력한 만큼 멘티들이 저를 믿고 따라와 주어서 이렇게 바르고, 좋은 모습으로 변화된 것 같아 뿌듯함을 느끼고, 책임감을 더욱 가지게 되었습니다.

지금은 기존 멘티와 3년째 함께 하고, 제가 다녔던 중학교의 멘티를 맡아 진행하고 있습니다. 중학생 아이들이다 보니 자기들이 스스로 공부를 하고, 숙제도 꼬박꼬박 해 와서 다시 잔잔하게 진행 중입니다. 장래희망이 있어야 학습 효과가 더 올라가기 때문에 아이들과 직업 찾기를 자주 하면서 학습 방향을 제시해주고 있습니다. 여자아이들이다 보니 공통점도 많고 관심사가 비슷해서 대화도 잘 통하고, 아이들의 고민을 누구보다도 이해하고, 제 경험을 빗대어 조언을 해주고 있습니다.

한 번으로 끝났을 활동이 멘티의 요청으로 인해 지금까지 이어지게 되었고, 저를 잘 따라와 준 멘티들 덕분에 우수 멘토로 활동하게 되었습니다. 현재는 팀장을 맡아 멘토들의 요구조건이나 불편사항을 해결해주고, 수업 진행 방법, 유익한 체험활동 장소 등을 공유하고 있습니다. 또한 조력자 멘토링 프로그램을 진행하면서 저희 학교뿐만 아니라 다른 학교에 방문을 하여 멘토링 활동을 하고 있는 멘토들의 고민 상담을 제 경험을 바탕으로 해결 방안을 제시해주면서 효율적으로 멘토링을 진행할 수 있도록 도움을 주고 있습니다. 벌써 3년이라는 시간이 다가오며, 마지막 달인 1월을 향해 흐르고 있습니다. 지금까지 아이들이 바르게 성장할 수 있도록 노력을 했다고 생각하는데 여전히 부족한 것이 많은 것 같습니다. 비록 멘토링은 곧 끝나지만 아이들에게 질문이 있어도 거리낌 없이 연락을 하라고 이야기를 합니다. 아이들이 아쉬워하는 모습을 보면서 제가 도움이 된 것 같아서 기분은 좋지만 3년이라는 긴 듯, 짧은 것 같은 시간이 점차 다가오는 것이 저 또한 너무 아쉽습니다. 아이들에게 좋은 기억만 남을 수 있도록 마지막까지 최선을 다해서 멘토링을 진행할 것입니다.

멘토링은 힐링이다

이나윤

학과 선배의 추천으로 다문화멘토링을 하게 되었다. 다문화멘토링 자체도 좋은 활동이지만 나한테는 좀 더 의미 있었다. 왜냐하면 지금은 신소재공학과를 다니고 있지만 고2때까지 꿈이 유치원교사였기 때문이다. 꿈도 꿈이었지만 워낙 아이들을 좋아하고 함께 노는 것을 좋아하기 때문에 정말 기대되는 활동이었다. 나는 파장초등학교에서 민수라는 1학년 학생을 멘토링 하게 되었다.

처음에 민수가 낯을 많이 가려서 나만 열심히 얘기 하다가 돌아왔다. 초콜릿을 주면서 친해지려 했지만 처음 보는 사람이라서 그런지 초콜릿을 받지 않아서 상처받았다. 생각보다 아이의 경계를 풀기는 어려웠던 것 같다. 그래서 어떻게 하면 빨리 친해질 수 있을까 고민을 많이 했다. 그래서 처음에는 재미있는 활동을 해서 아이의 긴장을 풀 수 있게 많이 찾아보았다. 그러던 중 멘토링을 추천해준 선배가 친해지기 위해서는 무엇보다 서로에 대해서 먼저 아는 것이 중요하다고 알아가는 데에 좋은 방법을 몇 가지 알려주셨다. 그래서 난 민수와 그 방법을 토대로 마인드맵과 간단한 게임 같은 걸로 자신에 대해서 표현하기도 하고 서로에 대해 표현도 하고 그림도 그려주면서 다문화멘토링을 시작하게 되었다.

처음에 나는 아이들과 금방 친해지고 즐거운 분위기 속에서 멘토링을 할 수 있으리라 자신했다. 시작하고 얼마 안 됐을 때 까지는 별 탈 없이 순조롭게 받아쓰기도 하고 공부도 하며 멘토링을 했다. 하지만 어느 순간부터 민수랑 의사소통이 잘 안 된다는 생각이 들었다. 어떠한 것에 대해 질문을 해도 그에 대한 대답이 돌아오지 않고 관련 없는 대답을 하거나 똥이라고 대답해서 굉장히 나를 당황스럽게 만들었다.

　나는 동생도 없고 주위에 어린 아이가 없기 때문에 이런 경우는 처음 겪어보았고 왜 그럴까 생각을 정말 많이 했다. 혼자 대화하는 느낌이 들고 그래서 그런지 멘토링하기도 힘들어졌다. 왜 그런 걸까? 어떻게 해야 할까? 라는 생각과 내가 문제가 있는 걸까? 라는 생각에 한동안 힘들었다. 이처럼 나를 당황하게 만든 상황은 엄마한테서 해답을 얻을 수 있었다. 엄마한테 상황을 천천히 이야기 하면서 이 상황에 대해 이야기해 보았는데, 엄마는 듣자마자 당연한 것 아니냐며 이제 1학년이고 학교에 처음 들어온 지 얼마 되지도 않았고 대화하는 법을 아직 잘 모를 텐데 너한테 맞추면 어떻게 하냐는 말을 하셨다. 엄마는 일단 내 질문에 대한 대답이 돌아오지 않아도 민수가 하는 말에 맞장구를 쳐주고 그 말에 대한 다음 말을 이어가 보라고 말씀해 주셨다. 그리고 일단 민수에게는 공부 보다 대화하고 소통하는 것이 더 중요할 것 같다고 하셨다.

　생각해 보니 정말 그랬다. 멘토링에서 공부만 중요한 게 아니고 멘티가 올바르게 커가게 도와주는 것도 매우 중요하다는 점을 간과하고 있었던 것이다. 그래서 나는 공부 보다는 의사소통 위주로 멘토링을 진행하였다. 전에는 내가 질문하고 그 대답이 나올 때까지 여러 번 질문 했었다면, 이제는 민수가 하는 말을 이어나가면서 많은 말을 하고 일주일간 어떤 일이 있었는지도 얘기하며 대화를 이끌었다. 그랬더니 정말 점차 나아지는 게 느껴졌다. 민수가 말하는 것도 더 많아지고 설명도 풍부해지고 완전하진 않지만 지금은 말을 이어 갈수 있을 정도로 눈에 띄게 발전 하였다.

　이렇게 멘토링을 하면서 걱정과 고민을 많이 한때도 있었지만 기쁘고 즐거웠던 때가 더 많았다. 민수가 숙제도 정말 열심히 해오기도 하고, 멘토링 하러 가면 선생님을 기다리고 있었다는 말을 해서 순간 나를 정말 기쁘게도 해준다. 먼 길을 힘나게 달려오게 하는 이유가 있다. 말을 안들을 때도 있었지만 학교에서 오카리나를 배웠다며 악보를 꺼내서 연주해 주기도 하고, 색

종이로 왕관을 만들어서 선물해 주기도 하고, 내가 머리를 투톤 염색했을 때에는 디테일 있게 그림도 그려주기도 하였다. 돌이켜 보니 정말 많은 것들을 한 것 같다. 공부 외에 활동들을 생각해보면 글라스테코, 색깔 모래로 그림 그리기, 롯데월드 체험 학습, 홀로그램 스티커 색칠하기 등을 했다. 민수가 어떤 것을 좋아하는지 흥미를 가질 만한 것들이 무엇인지도 많이 생각하고 찾아봤던 것 같다. 그리고 민수 부모님과도 가끔 활동사진도 보내드리고 연락도 하는데 할 때마다 매번 감사하다고 말씀해 주시고, 민수가 멘토링 정말 좋아하고 도움도 많이 되는 것 같다고 말씀해 주시는데 그런 말 듣고 나면 정말 힘이 나고 행복하다.

내가 생각하기에 다문화가정 학생이라고 해서 일반 학생과 다를 거 하나 없다. 오히려 다른 애들보다 더 잘한다. 민수가 반에서 받아쓰기도 자주 백점 받고 수학도 제일 잘한다고 하는데 내가 괜히 뿌듯하고 대견했다. 아이클레이 같은 활동 할 때 만드는 거 보면 1학년 남자아이라고 생각 못할 만큼 침착하고 예쁘게 잘 만든다. 나보다 잘하는 것 같기도 해서 가끔 놀랄 때도 있었다.

전에 선배가 과제와 공부에 찌들어서 살다가 아이랑 멘토링하고 오면 힐링 된다고 했었는데 무슨 말인지 알 것 같았다. 과제도 많고 어려운 전공 공부에 지쳐있던 나에게 다문화멘토링은 비타민 같은 존재였다. 민수에게도 많은 도움이 되었지만 나한테도 많은 도움이 된 것 같다. 힐링도 되고 보람차기도 했지만 배려, 존중, 이해 등 많은 깨달음을 주고 한 단계 성장하게 한 멘토링 활동이었던 것 같다. 내가 아이를 좋아하는 이유는 함께 있으면 같이 웃게 되고, 즐거워지고 또 사랑스럽기 때문이다. 이번 멘토링을 통해서 아이들을 더 좋아하게 된 것 같다.

신념이라는 거창한 이름 아래

이지민

나는 멘토 3년차다. 대학교에 들어온 이래 멘토링을 쉬지 않아 꽤나 경력 있는 멘토가 된듯한 착각을 하게 한다. 그러다보니 나 나름대로 교육적인 방향(?) 내지 교육적 신념(?)이랄 것도 생겼다. 그것은 바로 "멘티 아이가 필요로 하는 수업하기"이다.

어찌 보면 정말 당연한 거고, 다들 기본이라 생각하지만, 행동하는 것은 생각보다 쉽지 않다. 아이 부모님의 의견 뿐 아니라 학교 선생님의 의견까지 함께 수용해야하기 때문이다. 그러다 범하게 되는 가장 큰 실수는 정작 멘토링의 주인공이 되어야할 아이가 배제된 채 그 주변에 있는 선생님이나 부모님의 의견에 따라 멘토링을 진행하는 것이다. 이것은 멘토 선생님으로서 가장 무능한 일이다. 왜냐하면 이런 상황이 벌어질 경우, 아이는 멘토링 수업에 흥미를 잃게 되고 최악의 경우 아예 이탈해 버린다. 그리고 멘토 자신의 무능한 판단으로 인해 결국 이 시간을 위해 노력한 모든 사람들에게 아무 의미 없는 시간으로 돌아간다. 이를 난 3년 동안 총 7명의 국적, 나이, 성격, 가정환경 등이 각양각색인 아이들을 만나 멘토링을 진행하며 절실히 경험했다. 때문에 멘티 아이가 필요로 하는 수업을 진행하는 것이 맞다고 확신했고 그 방향대로 진행했다. 이 생각은 올해 멘티 에바를 만나면서 더욱 확고해졌다.

내 멘티 에바는 한국 생활 3년차인 고려인으로 같은 반 친구들보다 2살 많은 아이다. 그래서 에바와 동갑인 친구들은 올해 대학교 입시를 마치고 꽃필 날만 기다리고 있는 상태이다. 그러나 에바는 한국어 실력 부족으로 인해 한국 학교생활에 제대로 적응하지 못하고 결국 한국생활까지 무료해진 상태다. 그래서 에바에게 수업 시간은 그저 졸린 시간일 뿐이고, 숙제나 수행평가는 당연 관심 밖에 일이다. 그런 에바가 올해 고등학교에 올라오고, 대학 입시에 성공한 동갑친구들을 보며 대학 욕심이 생겼다. 이 이야기를 듣고 나는 에바의 열정이 반가워 학교선생님께 말했다. 그런데 선생님들은 전혀 몰랐다는 놀람의 표정과 '아? 그렇대요? 얼핏 들은 거 같기도 하네요.'라는 무미건조한 대답만을 내게 안겨줬다.

그렇다. 아무도 이 아이의 목표가 무엇인지, 어떤 것이 필요한지에 대해 아무도 관심 가져주지 않았던 것이다. 에바는 한국 학생들 사이에서 자연히 밀려나는 한 명의 외국인 학생으로 남게 된 것이다. 현실적으로 1인당 30여 명의 학생들을 관리하는 학교 선생님이 한 아이의 맞춤 보살핌 및 교육 등을 맡겨 책임지도록 하는 것이 불가능한 일임도 틀림없는 사실이다. 때문에 내가 이 아이에게 필요한 이유라 생각했고, 나는 에바가 가장 필요로 하는 것인 '에바 전담 입시선생님'이 되어주기로 결심했다.

첫 번째, 외국인 특별 대학 입시 전형에 대해 공부하다

에바는 지금 보다 높은 수준의 한국어 능력시험을 통과해 외국인 특별 전형으로 대학에 입학하는 것이 목표라 했다. 그래서 나는 에바가 목표로 하는 대학의 외국인특별전형 입시요강을 바탕으로 수업의 방향을 정하기로 했다. 그래서 난 그에 맞는 방식으로 멘토링 시간 중 한국어 공부를 함께 해주는 것이 필요하다고 판단해 해당 시험 관련 문제집을 가지고 함께 한국어 공부를 하기로 했다. 그리고 막연하게 어느 대학에 가고 싶다고만 하는 에바에게 이해하기 쉽게 모집요강을 설명해 목표를 설정하도록 해줬다.

두 번째, 한국어 공부 - KCP시험 5급을 목표하다

앞서도 말했듯이 내 멘티는 한국어능력시험 결과를 바탕으로 외국인특별전형으로 대학을 가고자 했다. 그 시험이 바로 'KCP 5급'이었고, 해당 시험 관련 문제집으로 한국어를 공부를 했다. 그렇다고 해서 책상 앞에 앉아 책만 가지고 공부하며 말할 수 없는 한국어를 공부하는 시간이 되지 않도록 여러 가지 방안을 마련했다.

기본적으로 생활에서 회화나 문자가 자연스러워져야 자신감을 얻을 수 있을 것이라 생각했다. 그래서 공부를 하다 중간에 쉬어갈 때는 자꾸 여러 가지 주제의 대화를 시도했다. 평소 틈틈이 카카오톡을 보내 한국어로 문자를 보내도록 유도했다. 에바는 K-pop은 즐겨 듣지만 한국어 자신감이 부족해 한국 드라마나 영화 등은 잘 안 본다고 했다. 대학에서 언어학을 공부하는 나는 영화나 책 등의 문화매체를 통해 언어를 공부할 때의 시너지가 얼마나 대단한지 알기에 에바와 함께 영화관에서 영화를 함께 봤다. 끝나고 어땠냐고 물어보니 에바도 생각보다 알아듣기 편했는지 재미있다며 다음에 또 보자고 했다. 이러한 방법들로 에바가 자연스럽게 한국어를 습득할 수 있는 방법들을 최대한 생각해 멘토링에 접목하려 노력했다.

세 번째, 내신관리를 하다

내신관리를 한다고 하면 딱딱하고 무시무시한 한국입시를 제일 먼저 생각할지도 모르겠다. 하지만 내 멘티 에바에게는 그 정도의 어마무시한 관리가 필요한 것도 아니고 자칫 그렇게 하다간 멘토링과 학교생활 모두에 흥미를 잃기 십상이다. 내가 에바와 함께 목표한 내신관리는 에바가 다른 친구들에게 뒤처진다는 느낌이 들지 않게, 기죽지 않을 정도로만 관리하고 학교 수업을 따라갈 수 있도록 도와주는 것이었다.

나를 만나기 전, 에바는 수행평가나 숙제를 하는 방법을 몰라 제출한 적이 거의 없다고 했다. 그래서 나는 우선 숙제를 낸다는 것에 의미를 두고 아예 숙제를 함께 준비했다. 한 번은 사회탐방 PPT를 만들어야 한다고 해서 에바가 탐방 다녀온 사진들과 이야기를 바탕으로 함께 PPT를 만들었다. 물론 에바가 아니라 내가 주로 만들었지만, 만드는 과정을 보여주고 틈틈이 방법을 설명해주면서 만드는 과정을 경험하도록 해줬다.

　단순히 보면 내가 그냥 숙제를 해준 것이나 다름없다고 생각할 수도 있다. 하지만 나는 앞서도 말했듯이 에바가 남들에게 뒤처지지 않고, 이 많은 내용들을 단기간에 완전히 습득할 수는 없으니 경험하는 것만으로도 에바에게 충분히 대단한 일이라 생각해 이러한 방식으로 진행했다.

　지키고 싶은 나의 신념...

　멘토링이 입시과외도 아니고, 굳이 입시를 준비해야할 이유가 없는데 내가 행한 멘토링 방식이 너무 삭막해 보일 수도 있을 것이다. 하지만 올해 진행한 내 멘토링을 되돌아 보건대 나는 굉장히 만족스럽다. 그 무엇보다도 남들이 보기 좋은 멘토링이 아니라 멘티에게 가장 필요로 하는 도움을 줄 수 있었기에 이토록 만족한다. 그리고 나의 멘토링이 단편적으로 보기엔 단지 입시에 불과해 보일지 몰라도 그 속은 여느 다른 멘토링 수업에 뒤지지 않을 만큼 풍성했다고 생각한다. 즉, 무엇을 하든 간에 멘티 아이 자체에 관심과 책임감을 가지고 수업을 골똘히 생각해 풍부하게 만든다면, 식상한 입시도 풍성한 멘토링이 될 수 있다는 것이다.

　나는 멘토링에 있어 가장 중요한 것과 나의 다짐을 말하고 싶다. 멘토링을 할 때 가장 중요한 것은 첫 번째, 멘티가 필요로 하고 원하는 수업을 하는 것. 그리고 두 번째는 멘티가 원하는 것이 어떤 것이든 간에 풍부한 내용을 만드는 건 멘토의 노력에 달려있다는 것이다. 나아가 이것이 내 멘토링이라고 정리할 수 있겠다. 그리고 다짐한다. 앞으로도 '이러한 신념'이란 거창한 이름 아래 내가 만나는 멘티 아이들 한 사람, 한 사람에게 가장 소중하고 의미 있는 시간을 선사해주고 싶다고 말이다.

저는 팔불출입니다

이진욱

내 멘티 상수는 말썽쟁이다. 온갖 땡깡은 다 부리고, 받아쓰기를 하자고 하면 울어버려서 곤란을 겪는 일이 많다. 상수를 데리고 밖에 나가면 원치 않는 사람들의 시선을 받을 때가 많기도 하다. 롯데월드를 데려갔을 때, 다른 멘토들이 상수가 떼쓰는 게 정말 여기 모여 있는 모든 멘티들 중 최고일 것 이라고 이야기해주기도 했다. 그런데 이렇게 말썽이란 말썽은 다부리고 돌아다니는 녀석이 나한테 와서 "선생님 선생님"하면서 달라붙는 모습은 여간 곰살맞은 것이 아닐 수가 없다.

롯데월드를 다녀오고 나더니, 하얀 A4 용지에다 재밌었던 놀이기구들을 다 그려놓고 자기는 오리를 좋아하기 때문에 나중에 오리공원이라는 놀이동산의 주인이 될 거라고 말한다. 그리고는 선생님은 무조건 다 공짜로 태워준다고 얘기하는 모습이 너무 예쁘지 않은가. 그래서 너무 고맙다고 말해주었더니 한다는 말이 자기가 더 고맙다고, 자기가 공부를 잘 못하는데 이렇게 계속 계속 와서 공부를 가르쳐주니 선생님한테 너무 고맙다고 이야기 해주는 게 초등학교 1학년의 말재간이 아니다. 그렇게 공부하기 싫다고 울고 짜고 그러던 녀석이 속으로 그런 생각들을 하고 있었다는 것이 정말 기특하기 그지없었다.

전부터 상수의 마음 씀씀이가 좋은 것은 알고 있었다. 게임 같은 걸 하면 꼭 이겨야 되고 반칙을 서슴없이 하기도 하고, 자기가 하고 싶은 것은 어떻게든 하려고 하는 모습은 또래 아이들이 다들 그렇듯 자기중심적인 모습을 가지고 있기는 해도, 맛있는 게 있으면 친구랑 같이 먹어야하고, 재밌는 것이 생기면 가족들이랑 꼭 같이하려고 하는 등 뭐든 좋은 것을 나누려고 하는 모습들이 늘 상 나타나서 요즘 애들 같지는 않은 느낌을 받아왔다. 그런데 상수가 좋은 것을 나누고 싶어 하는 대상에 내가 그렇게 자연스럽게 들어가게 되고, 그러한 것들이 한 번씩, 상수의 행동으로 말로 툭툭 튀어나오니까 마음이 따뜻해지는 게 느껴지곤 한다. 그리고 그때마다 속으로 생각하기를 '혹시 애는 초등학생이 아닌 게 아닐까, 어떻게 이렇게 선생님을 들었다 놨다하는 멘트들을 아무렇지 않게 한 번씩 던질까?'

생각해보니 상수는 첫 만남부터 나한테 적극적이었다. 멘토링 시작 전에 아버님과 연락을 하고 있을 때면 전화기 너머로 오두방정이었고, 메신저를 통해 자기 사진을 나한테 보내달라고 아버님한테 성화였다. 처음 집으로 찾아가서 얼굴을 보던 때도, 첫 인사를 어떻게 하면 좋지 고민하며 집에 들어가자마자 나한테 엉겨 붙어서 "선생님! 선생님!"하던 상수였다. 상수를 만나러 가면, 공부한다고 질색팔색 선생님 밉다고 맘을 쿡 찌르는 말을 하면서도 내가 없을 때면 엄마 아빠한테 멘토링 선생님 언제 오냐고 보고 싶어라 한다고 한다. 내 이름을 못 외워서 맨 날 물어보면 멋쩍게 웃어버리지만, 그렇게도 나를 좋아해주니 내 마음이 안 갈 수가 없는 것 같다.

이런 상수와의 만남에서 상수 부모님들이 정말 많은 도움을 주셨다. 멘토링 장소를 보통 학교에서 하지만, 부모님들이 강하게 원해서 상수의 집에서 멘토링을 하고 있는 중이다. 그런데 항상 갈 때마다 어머님이 밥을 꼭 먹이신다. 저녁을 먹고 왔더라도 무조건 밥 두 공기는 먹어야 식탁을 떠날 수 있다. 아이들 상대하는 게 에너지를 많이 쏟는 일이기 때문이라고 하신다. 이렇게까지 나를 챙겨주시고 어머님도 아버님도 나를 언제나 선생님으로 깍듯이 해주신다.

그리고 멘토링에서도 언제나 을을 자처하신다. 처음 시작부터 선생님 편한 시간으로 오시라고 말씀하시며 학원시간은 다 조정하면 되니까 선생님 우선이었고, 선생님도 대학교 2학년이면 친구만나고 이것저것 바쁠 테니 뭐든 일정 있으면 멘토링은 부담 없이 빼라고 말씀하셨다. 공부도 좋지만, 공부보단 함께 시간을 보내고 책을 읽는 시간이 많았으면 좋다고 하시면서 선생님이지만 형처럼 있어주면 좋겠다고 하시면서 모든 부분을 양보하시는 두 분 이었다.

이렇게까지 나를 믿고 양보해주시는 부모님과 나 좋다고 엉겨 붙는 상수를 보고 있으면 정말 멘토링을 대충할 수가 없다. 적당히 놀아주고 말려던 처음의 생각이 달라지고, 상수에게 더 관심을 쏟게 되고 조금씩 상수의 습관들, 나쁜 태도들이 눈이 들어오기 시작했다. 그런데 그것들을 지적하는 나의 태도나 고쳐주려고 하는 방법들이 올바른 방법인지 스스로 확신할 수가 없는 그런 상황을 마주하게 되었다. 나는 이 방법이 맞다고 생각하지만 내가 전공 지식이 있는 것도 아니고 무작정 달려들 수가 없는 노릇이었다. 때문에 아동생활지도와 관련된 책들을 보고 지인들과 아줌마들의 조언을 토대로 조심스럽게 상수의 나쁜 점들을 지적해주었다. 물론 거창한 것들은 아니었고, 커다란 변화가 생긴 것은 아니었다. 다만 그 과정들을 통해서 더 상수를 좋아하게 되었다는 게 소득이었다고 할까.

멘토링을 하면서 점점 팔불출이 되가는 내 모습을 보면서 멘토링이라는 것이 어느 정도 마성을 가지고 있구나 싶었다. 이 과정들을 통해서 조금 더 따뜻해지고 푸근해지는 내가 될 수 있었다고 할 수 있을까?

편견을 버린 시간

장효전

　멘토링 첫날, 설레는 마음으로 멘티 학교를 찾아갔다. 나의 멘티는 미란이라는 여자아이였다. 처음에 다문화멘토링 오리엔테이션을 할 때, 나는 다문화가정의 아이들은 조금은 무언가가 부족한 아이들일 수도 있겠구나 라는 생각이 들어서 많은 점을 도와줘야 지 했었는데, 내가 맡게 된 아이는 한국사람과 정말 다를 바가 없었다.

　미란이는 한국말도 능숙하고 다른 아이들보다 비교적 가르치기 쉬웠다. 하지만 어린 막내 동생이 아파 엄마께서 병원에서 거의 일주일 중에 5일을 아기와 함께 병원에 계시고 아빠께서는 일하시느라 집에 늦게 오셔서 학교 후 멘토링이나, 다른 수업을 듣고 집으로 가면 여동생이 있거나 아무도 없어 대부분의 시간을 노트북이나 핸드폰을 하며 보낸다는 점이 마음에 걸렸다.

　일단 미란이와 담당선생님과 이야기를 해 보았다. 조금 집중력이 부족한 것 같기도 하였지만 공부에 대한 욕심은 조금 있어보였고 한국 문화에 대해 관심도 많고 체험하는 것을 좋아 한다고 했다. 학교에서 어느 과목이 공부하는데 어려웠는지 물으니 영어라고 하였고, 배우고 싶은 과목으로는 역사를 선택하였다. 책 읽는 것을 좋아해 한 번씩 학교 도서관을 가서 책도 추천해주고 읽어보기도 약속했었다. 이렇게 시간표를 정하고 헤어졌던 것 같다.

　다음 멘토링을 하는 날, 나는 시간에 맞춰 약속 장소로 갔다. 사실 멘토링 활동을 하면서 나에게 가장 기억나는 시간을 말하라고 한다면 바로 첫날이다. 설렘과 긴장하는 나의 모습도 있었지만 멘티의 배려와 진심을 느꼈었다. 학교 교문을 향해 걷는데 나의 멘티가 혹시나 내가 장소가 헷갈릴까봐 학교 교문에서 먼저 나와 나를 기다리고 있었다. 사실 처음에는 그냥 가벼운 마음으로 봉사하는 시간을 갖는 마음이었는데 나의 멘티가 정말로 나를 반기는 모습에 첫날부터 감동이었고 기분 좋게 멘토링 수업이 시작되었다. 먼저 서로를 잘 알지 못해서 자기소개 하는 시간을 가졌다.

처음에는 약간의 어색함이 느껴졌지만 서로 질문도 하고 대답도 하다가 멘티가 사실 낯을 많이 가리는데 이렇게 자신도 말을 많이 할 줄 몰랐다고 했었다. 그때 사실 내가 어색하거나 아이가 지루해 할까봐 걱정도 많이 했었는데 그렇게 말해주고 느껴줘서 정말 다행이고 고마웠다. 하면 할수록 나의 멘티는 나의 생각과 달랐다. 사실 중학교 2학년이라 사춘기를 겪을 시기라 힘들지는 않을까, 내가 상처 받지 않을까, 스트레스 받지 않을까 했는데 다행히 나이보다 성숙하였고 나와의 시간을 잘 지켜주고 따라와 주었다.

미란이는 공부 보다는 만화나 그림에 대해서 이야기를 하는 것을 좋아하였고 즐거워하였다. 미란이를 보면서 나는 공부에 대한 잔소리나 조언보다는 꿈에 대해서 이야기를 많이 하였다. 내가 나의 멘티 나이 때였을 때는 누군가 옆에서 나에게 꿈에 대해서, 미래에 대해서 물어봐주는 사람은 부모님 외에는 없었던 것 같고 나도 진지하게 생각하지 않았던 것 같다. 미란이는 부모님이 바쁘시니 내가 옆에서 꿈을 찾는 것을 도와주고 싶었다.

나의 멘티는 곧 고등학교를 진학할 나이고 진지하게 자신에 대해 생각할 시기이다. 미란이는 그림 그리기를 좋아한다. 학교에서도 만화부 동아리에서 활동한다고 했고 그림 그리는 노트도 따로 들고 다닌다. 하지만 자신감이 부족해서 내가 그림 칭찬을 하면 자기는 잘 못 그리고 좋아할 뿐이라고 말한다. 그럴 때 마다 정말로 잘한다고 기를 살려주려고 하였다. 그래서 인지 이제는 자주 먼저 그림에 대해서 이야기도 하고 더욱 즐거워하는 모습을 볼 때마다 뿌듯하다.

다문화가정의 아이들이라고 해서 다른 아이들과 다를 것은 없다. 농담을 하면 웃고, 간식이나 작은 선물에 기분이 좋아지는 순수한 아이이다. 우리가 '다문화'라는 단어에 당연시 여기는 편견이 잘못되고 이제는 고쳐주고 싶다는 생각도 한다.

　다문화멘토링 활동은 나에게 매우 귀중한 시간이다. 내가 멘토가 되어 멘티를 가르치는 입장이지만 나 역시 멘티로 부터 많은 것들을 배운 것 같다. 한 번에 이해하지 못할 때도 있고 이야기를 하다가도 다른 문화관점에서 생각이 다를 수도 있지만 점점 발전해나가고 서로 맞춰가는 모습에 뿌듯함을 느끼고 있다. 당연히 속상할 때도 있고 힘들 때도 많지만 멘토링 시간만큼, 만나는 시간만큼 나를 선생님이라 불러주고 내가 정확하고 조리 있게 설명을 못할 때도 열심히 귀를 귀 기울여 주고 배우려는 내 멘티에 큰 고마움을 느낀다. 바쁜 학교생활에도 멘토링 시간을 가지려는 내 자신을 보며 나 역시 다문화멘토링 활동을 하면서 조금은 성숙해지고 많은 깨달음을 가지는 시간이었다. 이렇게 값진 경험을 얻을 수 있는 시간과 활동에 감사함을 느끼며 앞으로 다문화 아이들이 편견의 눈에서 벗어나 좋은 환경, 사회에서 살았으면 하고 더욱 많은 도움이 될 수 있는 멘토가 되고 싶다고 생각한다.

또 다른 만남의 시작

이선정

벌써 내 멘티들과 만난 지 7개월이 흘렀다. 봄에 처음 만나 푹푹 찌는 여름이 지나고 이제 첫눈이 내리는 시간이 될 때까지 우리는 많은 추억을 쌓았다. 고등학교 때부터 다문화체험활동, 다문화 아이 돌봄 봉사를 한 나이지만, 지난 시간은 여느 때와 달리 더욱 더 소중했다. 시작부터 마음가짐이 달랐다. 나는 멘티들과 첫 만남에 혹 작은 실수라도 하진 않을까 사전연수도 열심히 듣고 다문화담당 선생님을 직접 찾아가 멘티들에 대한 정보도 여쭈었다. 아직도 내 멘티들과의 첫 만남이 내 기억 속에 생생하다. 비록 현재는 너무 편안해졌고 가족같이 돈독한 사이가 되었지만, 처음엔 여느 때보다 더 조심스러웠고, 긴장되었고 너무나 어색했었다.

나의 첫 멘티는 은혜이다. 우리는 벚꽃이 서서히 지는 5월에 처음 만났다. 공부에 대한 열정이 넘치고 중국어는 물론이거니와 한국어까지 잘하는 은혜에게 나는 깜짝 놀랐다. 나는 은혜에게 내가 잘하는 수학을 가르쳐주며 공부에 대한 열망을 심어주고 싶었다. 1학기 때는 토요일에 4시간을 함께 보냈는데, 그 중 3시간은 수학공부를 그리고 나머지 1시간은 여러 가지 놀이를 하였다. 공부시간이 3시간이나 되어 혹시 힘들지 않을까 했던 초반 내 걱정과는 달리, 은혜는 나를 잘 따라줘서 너무 대견했다.

중국에서 일하시는 아버지로 인해 은혜는 방학동안 어머니와 그곳에서 머문다. 아쉽지만 방학 동안에는 메신저로 수업을 진행하였고, 두 달 후 새 학기가 시작되며 우린 다시 만나게 되었다. 하지만 나의 기대와는 달리, 2학기 때 만난 은혜는 내가 알던 은혜가 아니었다. 공부를 시작하기만 하면 하기 싫다고 거부하고 집중도 하지 못했다. 심지어 나에게 이전엔 하지 않았던 반말을 하고 버릇없게 행동 하였다. 뿐 만 아니라 어머님과의 다툼도 잦아졌다. 은혜는 마치 마음 한 구석에 불만이 있는 아이처럼 보였다. 변해버린 은혜 모습에 나는 많이 안타까웠지만, 은혜를 믿고 기다렸다.

하지만 한 달이 지나도 차도가 없자 나는 어머님에게 상담을 요청했다. 마침 어머니도 은혜 때문에 많이 속앓이를 한 모양이셨다. 어머니와 상담을 한 결과, 자신의 일을 스스로 하지 못하는 은혜를 위해 우리는 주말마다 함께 야외체험을 다니기로 하였다. 원래 아버지와 함께 자주 체험을 다녔던 은혜였지만, 최근 아버지와 함께 보낸 시간이 없어 나는 은혜에게 그때의 추억을 다시 되살려 주고 싶었다. 그리하여 목요일에는 수학 공부를, 토요일에는 어머니와 함께 체험활동을 하기로 하였다. 그렇게 계획을 짠지 3주정 도 지난 지금, 다행히 은혜는 몰라보게 성숙해졌다.

어머님은 은혜가 학교에서 돌아오면 함께 시간을 내서 공부를 도와주었고, 여러 놀이도 같이 하며 은혜와 보내는 시간을 늘리셨다. 그 결과 어머님과 은혜의 심리적 거리가 가까워지며 가족 간의 분위기가 밝아졌다. 아마 이 순간이 내가 멘토링 활동을 하면서 가장 뿌듯했던 순간이 아니었나 생각한다. 나는 상대적으로 어머니와 보내는 시간이 많아 우리는 서로의 고민을 나눌 수 있었다. 그 와중에 어머니께서 나에게 "선정학생이 은혜의 멘토이지만, 나에게도 좋은 멘토세요."라고 말했을 때, 가슴 한켠에서 이루 말할 수 없는 먹먹함을 느꼈다. 정말 오래도록 기억에 남을 멘티를 만나 너무 기뻤다.

나의 두 번째 멘티 혜수는 여름이 다가오는 6월에 첫 만남을 가졌다. 혜수는 또래에 비해 키가 크고 예의바른 아이였다. 이제 막 맞벌이를 시작하신 혜수 부모님은 집에 혼자 있어야 할 혜수를 많이 걱정하셨다. 그래서 우리는 부모님이 안 계시는 시간에 멘토링 활동을 하기로 하였다. 초반엔 은혜와 마찬가지로 나는 혜수와 수학공부를 하며 대부분의 멘토링 시간을 보냈다. 하지만 공부만 하기엔 혜수와 많이 친해지지 못할 거라는 생각이 들어 나는 야외활동을 제안하였다. 우리가 함께하는 시간이 많아지고 나도 혜수와 가까워 지기위해 더 노력한 결과, 마침내 혜수는 나에게 마음의 문을 활짝 열게 되었다.

은혜네 어머님과 혜수네 어머님은 두 분 다 한국에 아는 사람이 거의 없어서 항상 외로워 하셨다. 이 중간에 있는 나는 두 분이 함께 시간을 보내면, 더 이상 외로워하시지 않을 거라는 생각을 하였다. 그래서 나는 은혜에게 혜수를, 또 혜수에게 은혜를 소개시켜주었다. 덕분에 서로 새로운 소중한 인연을 만들게 되었다. 어느 날은 은혜와 혜수가 나에게 셋이서 함께 멘토링을 하고 싶다고 하였다. 우리는 아이들이 좋아하는 점핑방방도 가고 맛있는 햄버거도 먹고, 같이 도서관에 가서 열심히 책도 읽었다. 그 날이 아이들에게는 기억에 강하게 남았는지 다음에도 합동 멘토링을 하자고 한다. 나는 아이들에게 일방적인 존재가 아니라 쌍방향의 영향을 미치는 중요한 존재가 된 것 같아 너무나도 행복했다.

이제 아이들과 함께할 시간이 두 달도 채 남지 않았다. 그동안 정말 말도 많고 탈도 많았다. 나 스스로도 강한 책임감 때문에 아이들에게는 티내지 않았지만, 많이 힘들고 지칠 때도 많았다. 하지만 은혜에게 올바른 성장기를 만들어 줬다는 뿌듯함과 혜수가 나에게 마음을 열었다는 사실이 나를 행복하게 만들어주었다. 멘토링을 처음 시작할 때, 나는 아이들에게 무엇을 가르쳐줘야 하고 어떤 것을 깨우치게 해줘야 할지 밤낮으로 많은 고민을 했다. 그런데 1년간의 멘토링이 거의 끝난 지금, 오히려 나는 아이들에게 많은 것을 배웠다. 이제 아이들이 나를 믿고 따른다는 이 사실 하나만으로 나는 내가 얼마나 소중한 사람인지, 또 어떤 중요한 영향력을 끼치는 사람인지 잘 알게 되었다. 헤어짐을 생각하면 벌써 가슴 한 켠이 먹먹해진다. 하지만 헤어짐은 또 다른 만남의 시작이듯, 우리는 서로 다른 출발선에 선 것이라고 생각하기로 했다. 우리는 멘토링 활동이 끝나도 서로 자주 연락하며, 각자 갈 길을 멋있게 가기로 약속했다. 아이들이 나와의 헤어짐을 시작으로 또 어떻게 성장할지 너무나도 기대된다.

편견을 깨고 얻은 것들

고은아

　인수와 인성이를 만나게 된지 어느덧 6개월이 넘는 시간이 지났다. 반년이나 함께한 나의 멘티들은 이제 멘티라고 부르기보다 진심으로 아끼는 동생들이 되었다. 처음을 돌이켜 보면 나는 너무 웃기고, 바보 같을 정도로 지나치게 긴장하고 있었다. 다문화 학생을 어떻게 대해야 할지 아주 조심스러웠던 것이다. 그런 내가 할 수 있는 방법은 멘토링을 해본 분들에게 조언을 얻거나 책 혹은 인터넷으로 정보를 알아보는 방법이었다. 하지만 아무리 조언을 듣고 마음가짐을 바르게 잡았지만 내가 어떤 실수라도 하면 어쩌나 하는 생각들이 머릿속에 하나 둘 씩 차오르기 시작했다.

　지금에 와서 생각해 보면 그것들은 지나친 고민이었다. 그리고 나의 고민들이 생겨나게 된 가장 큰 이유는 내가 가지고 있었던 내가 만들어낸 다문화가정에 대한 나의 편견에서부터 시작했다는 것을 인정하지 않을 수 없었다. 당시에 큰 포부와 용기를 가지고 멘토링 활동에 지원한 나는 멘토링을 철저하게 내가 누군가를 돕는 봉사로만 생각하고 있었다. 왜냐하면 내가 알고 있는 다문화가정은 대중 매체를 통해 간접적으로 본 정보뿐이지 직접적으로 내 주변에서 한 번도 본 적이 없었기 때문에, 다문화가정에 대해서 직접 느끼지를 못했기 때문이다. 다른 나라에서 우리나라로 넘어와 가정을 이끌어 나가는 모습, 의사소통의 부재로 인한 학습 부진 등이 내가 아는 전부였다.

　나는 같은 학교 같은 반에 다니고 있는 인성이와 인수의 멘토가 되었다. 이 두 친구는 전혀 다른 성향과 성격을 지니고 있었다. 쑥스러움도 엄청 많고 말 수도 적은 인성이. 인성이는 어머니가 일본분이시고 아버지가 한국분인 친구이다. 인성이의 어머니께서는 한국어를 능숙하게 구사하셔서 한국말을 사용하는데 전혀 문제가 없어 처음 인성이를 만났을 때 조금 마음에 부담감을 덜고 들어간 나는 정말 많은 고민의 빠지게 되었다. 처음 인사를 나누고 담당 선생님의 배려를 통해 단 둘이 대화를 나눌 수 있는 시간이 주어졌다. 인사를 나누고 막 대화를 나눈 그 순간부터 인성이는 나의 질문에 예, 아니요 그 이상에 답을 하지 않았다. 앞이 막막했다. 내가 못 가르칠 까봐 혹은 다른 실수가 있을까 걱정은 많이 했지만 그 순간에는 한 번도 고민해보지 못한 상황이 닥치게 된 것이다. 이대로라면 인성이가 수업하기를 원하는 과목뿐만 아니라 친해지는 것조차 어려워 보였다.

처음 인성이를 봤을 때 나의 어릴 적이 생각이 났고 나와는 반대의 성향을 가지고 있던 친구라 진심으로 마음이 쓰이기 시작했다. 그런 나는 학업도 학업이지만 우선 부담가지 않을 정도로 대화를 나누려고 노력했다. 인성이의 관심사(가수 : 트와이스, 떡볶이)를 나름 눈치껏 파악해 멘토링 하러 가기 전에 관심사에 대한 정보를 많이 알아가 먼저 대화를 시작했고, 인성이 또한 나름 관심사에 대한 얘깃거리에는 반응을 보였다. 그렇게 나는 좋아하는 음식을 사가며 마음을 여는 과정을 반복해 나아갔다. 가끔 수업 끝나고 놀이터에 가서 아이스크림도 먹고 인성이가 대답을 안해주더라도 혼자 떠들며 나란 사람이 인성이에게 조금이나마 편한 사람이 되기를 바라며 조급해 하지 않고 천천히 다가갔다.

그렇게 거의 두 달 만에 인성이가 먼저 나에게 질문을 하기 시작했다. 인성이의 첫 질문은 아직 잊을 수 가 없다. "선생님 귀걸이 예뻐요 어디서 사셨어요?" 나는 너무 감격스러운 나머지 왈칵 쏟아져 나오는 눈물을 참으며 신나게 대답을 했다. 그렇게 인성이와 나는 점점 더 가까워졌고 그렇게 지금은 수다를 떠느라 수업을 못할 만큼, 끝나고 슈퍼를 들러 뭐라도 먹어야 오늘 멘토링은 끝났다라고 할 수 있을 만큼 가까운 사이가 되었다. 이제는 먼저 카톡도 오고 고민 상담도 해주며 멘토, 멘티 그 이상에 사이가 된 것 같다.

나의 또 다른 멘티 인수. 인수 아버지는 한국 분이시며 어머니는 태국분이시다. 인수는 정말 말도 많고 장난도 많은 친구였다. 처음 본 날 부터 심심치 않은 장난을 쳤기 때문이다. 인수는 초등학교 3학년 까지 태국에서 살다가 한국으로 온 친구였기에 국어가 가장 취약했다. 그렇기에 학업 성취도도 낮았던 학생이었다. 인수는 영락없는 중1 남자아이처럼 활발함 그 이상을 넘는 친구였고 장난도 심했지만 공부하거나 소통함에 있어서 특별히 힘든 점이 없었다. 인수 부모님 또한 상당 그 이상으로 유쾌한 분이셔서 수업이 끝나고 나서는 저녁식사를 권유하셨고 같이 식사를 할 때면 너무나 재미있게 먹었던 기억이 있다.

인수와의 멘토링은 다문화 가정에 대해 내가 가지고 있던 편견을 깨주는 계기가 되었다. 인수는 학교에서 배우는 과목 중에 영어에 제일 자신있어 했다. 나는 그 이유를 당연히 부모님의 영향이라고 생각했다. 저녁식사 때 한번 태국은 본 언어보다 영어를 중요시 한다는 얘기를 들은 기억이 있었기 때문이다. 태국이 태국어가 아닌 영어를 쓰는 나라인가 싶을 만큼 영어를 중1 또래 남자아이 치고는 잘했던 친구였다.

나는 매달 부모님과 상담하는 시간을 가졌는데 그때 인수의 진도를 설명 드리며 인수가 영어를 너무 잘한다고 다 어머니 덕분인거 같다고 말씀을 드렸었다. 하지만 알고 보니 어머니에게 배운 영어 실력이 아니라 영어 만화책으로 인수 본인 자신이 관심이 있어 공부를 스스로 했던 것이다. 사실 별거 아닌 사건 이였는데 나에게는 뭔가 한대 얻어 맞은 기분이 들었던 순간 이였다. 만약 인수가 다문화가정의 학생이 아니였다면 나는 당연히 과외를 했거나 스스로 공부했을 것이라고 생각했을 텐데 인수가 다문화 가정의 아이라는 이유로 당연히 어머니 나라의 영향을 생각했던 것이다.

나는 내가 당연하게 생각했던 다문화 가정의 편견을 깨트릴 수 있었다. 인수와 인성이를 가르치면서 다문화가정에 대해 내가 만들어낸 틀 속에서 생각했던 것들 중에 내가 느끼고 몸소 체험한 결과 일치하는 것은 거의 없었다. 처음에는 봉사라는 의미로 시작한 활동이었다. 단순히 '누군가를 도와주고 싶다'라는 생각에 시작한 나의 활동이 봉사 개념을 넘어서 한 사람과 사람이 소통하고 마음을 교감할 수 있다는 것을 느꼈다. 내가 누군가를 도와주는 의미보다 내가 배워가는 부분이 더욱 컸다.

　내가 생각했던 다문화가정은 인성이와 인수로 인해 성향은 달랐지만 두 아이와 반년을 넘게 알아가고 소통하며 내가 갖고 있던 다문화에 대한 편견은 하나씩 깨져갔다. 정말 이 모든 생각과 걱정은 그저 내가 만들어낸 편견에 의한 것이었다. 다문화가정은 소외되고 불행하기 때문에 도움이 필요하다는 착각이 오히려 다문화가정을 제대로 알고 이해하는 데 크나큰 방해물이 되었다. 다름을 색안경 끼고 볼 것이 아니라 그냥 의식하지 않고 바라볼 때 다름은 자연스럽게 나와 같은 우리가 되어 있었다. 의도와 다르게 이번 멘토링을 통해서 나는 주는 것보다 얻는 것이 많았다, 이 인수와 인성이를 만나고 소통하는 경험을 통해 다문화에 대한 나의 시각을 많이 바꾸게 된 것이다. 드리워진 벽은 다문화가정들이 가진 사회적 경험이 아니라 우리가 만들어내고 있었다. 다문화에 대한 막연한 편견을 없앤다면 편견 없이 모두가 하나가 되는 사회를 만들어내는 자양분이 될 것이다.

미애와 나의 성장 이야기

박설아

2016년 6월 9일, 미애와 첫 만남을 가지게 되었다. 어느덧 1년 6개월이란 시간이 흘러간 것이 믿기지 않는다. 처음 보았을 때, 미애의 첫인상은 너무 밝았다. 보는 사람까지 밝아지는 기분이어서 나도 덩달아 밝아졌었다. 미애가 무엇을 좋아하고 앞으로 어떤 활동을 하고 싶은지 또 서로에 대해 알아가는 시간을 가지며 첫 만남을 보냈다. 2016년도 미애는 영어를 거의 모르고 있었다. 하지만 2016년을 마무리 지어갈 때쯤, 미애는 영어 알파벳도 다 쓸 줄 알 뿐만 아니라 간단한 말까지 할 수 있었다. 나는 미애의 영어 멘토 선생님이었지만 지금은 수학선생님으로 활동 중에 있다. 미애와 구구단을 외우기로 했는데 어려워하며 잘 따라오지 못해 어떻게 해야 할지 고민 끝에 구구단 퍼즐을 이용하여 함께 공부하였다. 멘티도 즐거워했는지 잘 따라와 주어서 뿌듯했다. 멘티가 공부에 흥미가 떨어져갈 때 영어 숨은그림찾기로 흥미를 끌었다.

1학년 때는 미애와 평일에는 학교에서만 공부를 해서 야외활동을 한 적이 별로 없다. 그래서 2학년 때는 멘티와 함께 야외활동을 통해 다양한 경험을 하고 있다. 매주 멘티와 무슨 활동을 해야 할지 계획을 세운다. 공부하는 것도 중요하지만 여러 가지를 경험하고 싶어 미술, 음악, 체육 등 멘티와 할 수 있을 만큼 계획을 세운다. 멘토링 시간에 내가 자신 있는 피아노와 미애의 오카리나로 합주를 한 적이 있다. 미애와 또 하나의 새로운 추억을 만들어서 의미 있었던 활동이었다. 미애와 여러 활동을 하면서 더 가까워지는 계기가 될 수 있어서 좋았다. "기쁨도 함께 나누면 배가 된다"는 말이 있듯이 나는 멘토링을 하고나면 좋았던 기억들은 주변 사람들과 나누는 편이다.

다문화멘토링을 하며 이러한 활동을 해서 좋았다고 자랑을 하고 다닌 경험이 있다. 미애가 나와 함께 있는 시간을 좋아해주고 변화되어 가고 있는 점이 신기하기도 했지만 내 자신도 모르는 사이에 미애를 통해 변화되어 가고 있는 점이 더 놀라웠다. 나는 성격이 급한 편이다. 모든 일을 급하게 해서 실수가 많았지만 미애를 만나면서 인내심이 많이 길러졌다. 미애는 내가 빠르게 설명하면 잘 알아듣지 못한다. 그래서 나는 천천히 알아들을 수 있게 설명한다. 또, 다음 시간에 전에 했던 공부를 복습하면 까먹어 오지만 계속 반복해서 멘티의 입장에서 이해하고 있다. 멘토링을 하면서 내 모습을 되돌아봤더니 전과는 많이 다르다고 느낀다. 미애가 나를 통해 변화되어 가고, 나도 미애를 통해 변화된 점이 있다. 다문화멘토링을 하면서 멘티와 멘토가 서로 변화되는 모습이 진정한 아름다움이라고 생각한다.

앞으로 남은 시간동안 서로에게 좋은 추억을 남겨줄 수 있도록 최선을 다할 것이다. 1년 6개월이라는 시간 동안 멘티가 변화되어 가는 모습, 나 또한 변화된 모습들을 보면서 다문화멘토링을 하게 된 것이 가장 잘한 일이라 생각하고 좋은 멘티와 함께할 수 있어서 너무나도 뜻깊은 해가 될 것 같다. 다문화멘토링을 시작했을 때 처음이라서 많이 떨리고 어떻게 시작해야 할지 막막했었다. 나는 함께하는 멘토링 친구와 선배에게 물어가면서 멘티에게 좋은 멘토가 되려고 노력하고 있다. 멘티와 멘토 사이에서 서로를 통해 배우고 변화되어가는 것이 꿈을 꾸는 것만 같다. 나는 다문화멘토링을 할 수 있는 기회를 얻게 되어서 큰 행운이라고 생각한다. 멘토링을 하면서 내 모습이 많이 누군가를 통해서 성장하는 것을 느꼈고 나는 미애의 밝은 모습을 받아 더욱더 밝은 에너지를 낼 수 있었다.

나의 2017년도의 다문화멘토링은 4가지로 특별하다고 말할 수 있다.

첫째, 1학년 때 미애와는 야외활동을 자주 하지 못했는데 야외활동을 하면서 멘티와 더욱 가까워져서 좋았다. 영화관람, 뮤지컬 관람, 식물원 견학, 다문화축제 행사 등 다녀왔다. 그 중 인상 깊었던 것은 다문화 축제였다. 멘티 어머니와 멘티와 함께 다녀오면서 그곳에서 의상도 구경하고, 베트남 쌀국수도 먹어보았다. 또, 멘티와 함께 만들기 체험도 할 수 있어서 좋았다. 이제 남은 시간동안 멘티와 마술쇼체험, 박물관견학을 갈 생각이다. 멘티와 멘토링을 할 수 있는 시간 동안 좋은 추억거리를 많이 만들고 싶다.

둘째, 나는 도서관에서 멘토링을 하고 있다. 멘토링을 하면서 멘티의 친구는 같이 멘토링을 하고 싶어서 멘티와 멘토링 하는 시간에 가끔씩 온다. 멘티 미애의 친구도 다문화 친구이다. 그래서 매주 월요일은 둘이 아닌 셋과 함께한다. 책을 읽거나 같이 수학공부를 하거나 보드게임을 하고 있다.

셋째, 멘토링을 하면서 멘티 어머니와 친해졌다. 1학년 때는 미애와 멘토링을 많이 하지 못했다. 그러다보니 어머니와 연락할 기회가 많이 없었다. 멘티 어머니와 축제행사도 함께하고, 미애랑 야외활동을 하다 보니 카카오톡으로 대화도 자주하고 있다. 무엇보다 방학이나 주말에는 집에서 활동을 하면서 가까워졌다. 어머니와 일상생활 이야기도 나누고, 컴퓨터 사용법을 알려드렸다. 어머니께 도움을 줄 수 있어서 뿌듯했다.

넷째, 집에서 멘토링을 하면서 멘티의 외할머니를 본적이 있다. 나는 베트남어를 몰라서 멘티 외할머니와 대화를 할 수 없었다. 그래서 나는 멘티 할머니를 마주칠 때마다 수줍게 웃고만 나왔다. 나는 멘티를 통해 몇가지 베트남어 문장을 배우게 되었다. 다음에 할머니와 마주치면 그 때는 대화를 해야겠다는 생각이 들어 베트남어를 조금 공부하고 갔다. 안녕하세요(씬짜오), 안녕히 계세요(땀비엣 응아이 마이갑 라이네) 2개를 암기했다.

다음 방문 때, 할머니께 인사할 때 내가 공부한 문장을 말했다. 할머니는 웃으시면서 한마디 해주셨다. 나는 할머니가 하신 말씀을 알아듣지 못했다. 멘티 어머님께서 "선생님께서 베트남어를 어떻게 아셨는지 신기하다."고 말씀해주셨다. 나는 베트남어에 하나씩 천천히 관심을 가지고 공부하고 있다. 다음에 또 마주치게 되면, 그때는 더 많은 대화를 하고 싶다.

우리는 마음속에 별을 가지고 있다

박지민

　모든 사람의 마음속에는 별이 있다. 별은 우리의 마음을 환하게 비추어 길을 잃지 않게 해준다. 그러나 언젠가 거짓말을 할 때면, 별은 빙글빙글 돌아 그 사람의 마음을 쿡쿡 찌른다. 그럼에도 멈추지 않고 계속해서 거짓말을 한다면, 그 날카로운 모서리가 닳아 결국 동그라미가 되어버린다. 동그라미가 된 별은 더 이상 우리를 아프게 하지 못한다. 동그라미를 가진 사람은 이제 아무리 거짓말을 해도 마음이 아프지 않다. 이 경험담은 별을 둘러싼 찬수와 나의 이야기이다.
　'우리는 책임감을 가진 사람을 원합니다. 끝까지 함께할 수 있는 책임이 가장 중요합니다.' 면접관님의 말씀을 들었을 때 나는 속으로'당연한 거 아니야?'라고 생각했다. 누군가를 만나고자 하였다면, 더군다나 함께하자고 약속했다면 더더욱 만남에 책임을 갖는 것이 당연하지 않은가. 그러나 나는 곧 그 의미를 알게 되었다. 찬수와 나의 첫 만남은 멘토링 시간을 조율하기 위함이었다. 찬수는 검고 옹골찬 눈동자를 가진 아이였고, 굉장히 좋은 느낌이었다. 게다가 그전에도 두 번이나 다문화멘토링을 해본 적이 있다고 했다.
　그러나 찬수 입에서 나온 첫마디는 가히 충격적이었다. '멘토링하기 싫어요.' 그리고 찬수는 첫 멘토링에 나오지 않았다. 그리고 그 다음 멘토링에도……. 나는 당황했다. 아이가 나에게 짓궂은 장난을 한다든지 내내 휴대폰만 쳐다본다든지 하는 것들은 생각해 보았지만 아예 오지 않는 것은 상상하지 못했다. 나는 선생님께 도움을 청했고 화가 난 선생님은 결국 찬수를 직접 찾으러 나서는 지경에 이르렀다. 그때 나는 찬수와 놀기 위해 전날 밤

준비해두었던 것을 잔뜩 손에 들고 있었다. 다음엔 꼭 나오겠다는 약속을 받고 집에 가는 길에 진심으로 찬수를 미워했다.

그래도 다행히 다음 멘토링에선 찬수를 볼 수 있었다. 그렇게 첫 시간에 준비했던 질문들을 셋째 시간이 돼서야 비로소 꺼낼 수 있었다. 자기소개 빙고를 통해 생일, 꿈, 가장 좋아하는 것 등을 공유하던 중 고민이 있냐는 질문에 찬수는 천국과 지옥에 대해 이야기했다. '담임 선생님이 그러는데 죽으면 눈앞에 선풍기가 있대요. 착한 사람은 선풍기가 멈춰있는데 잘못이 많은 사람은 선풍기 날개가 획획 돌아서 지옥으로 떨어져요. 저는 천국에 가고 싶어요.' 이 이야기를 듣고 나는 찬수의 순수함에 웃음을 터뜨렸다.

그리고 언젠가 내가 가장 두려워했던 마음속의 별 이야기를 해주었다. '찬수 별은 지금 어때?' 찬수는 머뭇거리며 '조금 닳았어요'라고 얘기했다. 걱정이 많은 표정이었다. 나는 그것이 귀여우면서 한편으론 괜히 고민을 하나 더 해준 것이 아닌가 걱정했다. 다행히 그 이야기가 효과를 보인 것일까. 그날 이후 찬수는 더 이상 도망가지 않았다. 종종 그의 별이 돌아가는 게 눈에 보였지만 적어도 잘못을 감추려고 하지는 않았다. 그날들을 제외하고 찬수는 12월을 앞둔 지금까지 열심히 개근 중이다. 어렸을 적 내가 별이 닳지 않기 위해 노력했던 것처럼, 찬수 역시 그의 별을 위해 고군분투하는 중이다.

나는 멘토링을 싫어하는 찬수를 위해 과학실험, 간식 만들기, 보드 게임 등으로 수업을 꾸렸다. 다행히도 관심사가 같아 우리는 곧잘 친해질 수 있었다. 우리가 가장 좋아하는 수업은 레고 조립이었다. 어딘가에 놀러 가서 가게를 구경하다, 우연히 동물 레고를 보곤 찬수에게 문자를 보낸 것이 시작이었다. 찬수는 레고 조립에 자신 있어 했고, 우리는 모든 동물을 조립하는 것을 목표로 신나게 놀았다.

로봇 레고를 들고 온 날 나는 박스 위에 엎드리듯 가리고 물었다. '이게 뭔지 맞춰봐!' 찬수는 잠시 박스를 뚫어져라 쳐다보고는 '로봇!'이라고 대답했다. 나는 깜짝 놀라 손뼉을 치며 어떻게 알았느냐고 물었다. 그러자 찬수는 '여기 써져 있잖아요'라며 박스를 가리켰다. 찬수가 가리킨 박스 옆면에는 알 수 없는 가타카나가 적혀있었다. '이게 로봇이에요.' 아뿔싸! 나는 찬수의 어머니가 일본어를 모국어로 한다는 것을 잊고 있었다. 그리고 곧 우리가 처음 만났을 때를 떠올렸다. 사실 나는 찬수가 다문화가정이라는 것 외엔 아무것도 알지 못했다. 어머니가 외국 분이신지, 아버지가 외국 분이신지, 혹은 두 분 다 외국 분이신지 말이다. 너무 궁금했지만 물어보는 것이 혹시나 실례일까 꾹 참고 있었다. 결국 체험학습 확인서에 쓰여 있는 이름을 보고 나서야 찬수의 어머니가 일본 분이라는 것을 알아냈다. 그때 나는 깨달았다. 내 마음속에는 '다문화 별'이 있었다는 것을. 나는 다문화를 잘 알고 있다고 하면서, 실은 다문화를 생각할 때마다 그 별이 빙글빙글 돌았나 보다. 다문화를 편견 없이 대하겠다고 다짐하고는 그것을 위해 더 예민했다. 다문화를 이해한다면서 그 모서리를 더욱 날카롭게 갈고 있던 것이다. 그러나 찬수를 만나고, '다문화 학생'이 아닌 '찬수'가 좋아하는 것이 무엇일까를 고민하기 시작하면서 나의 별은 점점 동그라미가 되고 있었다. 이윽고 그것은 '모서리가 닳은 별'이 아니라 '환한 보름달'이 되었다. 찬수와 로봇을 조립하던 날 나는 다시금 깨달았다. 정작 나에게 필요한 것은 별이 아니라 달이었다는 것을.

  우리는 서로에게 별과 달을 만들어 주었다. 찬수는 오늘도 별이 둥글어지지 않도록 별을 닦는다. 나 역시 오늘도 달이 모나지 않도록 달을 닦는다. 그리고 달과 별이 만나는 날, 우리는 함께하기에 더욱 찬란하게 빛을 낼 것이다.

이해와 공감으로 피는 꽃

조소은

다문화멘토링은 나의 대학생활 중 절반 이상을 함께한 활동이다. 멘토링 활동은 나와 멘티가 함께 성장했다고 해도 과언이 아닐 만큼 나의 대학생활에서 커다란 부분을 차지하고 있다. 처음 멘토링을 시작할 당시 면접을 보며 가르침에 있어 가장 중요한 것이 무엇이냐는 질문을 받고 고민했던 것이 떠오른다. 나의 대답은 '이해와 공감'이었다. 다문화학생이기 때문에 사회에서 알게 모르게 겪을 수많은 편견과 차별들이 이 아이들을 더욱 이해와 공감을 필요로 하는 존재로 만들 것이라고 생각했던 것 같다.

초여름, 나의 멘티 소진이와 소영이를 처음으로 만났다. 어머니가 일본 분이신 소진이는 중학교 2학년 밝고 긍정적인 아이였고, 어머니가 중국 분이신 소진이는 중학교 1학년 한창 사춘기 시기라 수줍음이 있었지만 예의가 바른 아이였다. 내가 만난 두 아이들 모두 다문화가정 학생이기 때문에 겪는 어려움은 표면적으로는 찾아볼 수 없었다. 한국에서 태어나 오래 살았고 여느 그 또래의 아이들이 가지는 고민들을 똑같이 가지고 있었다. 두 친구들이 공통적으로 가지고 있었던 고민은 낮은 학교 성적이었다. 따라서 나는 기초적인 학교 공부를 가장 우선순위로 두고 멘토링을 진행하기 시작했다.

어느 정도 아이들의 성적도 오르고 성과도 나타났지만 좀처럼 아이들과 마음의 거리가 가까워지지 못하고 있다는 느낌이 들었다. 무엇이 문제일까 고민을 하던 도중 그때서야 나의 잘못을 알 수 있었다. 바로 멘토링을 시작할 때 다짐했던 이해와 공감 없이 공부만 가르치는 단순 과외선생님과 다를 바 없었던 것이었다. 그 뒤로 우리는 서로를 알아가는 활동을 진행했다. 서로 질문지를 작성하고 답변하며 좋아하는 것과 싫어하는 것을 알아갔다. 매 활동이 끝나면 꼭 서로에게 짤막하게 편지를 썼다. 초반에는 짧았던 편지의 내용이 갈수록 길어지는 것을 경험할 수 있었다.

또한 구체적인 꿈이 없는 멘티들을 위하여 꿈에 대한 강연을 신청하여 듣기도 하였다. 그러다보니 아이들이 점차 마음의 문을 열기 시작하였고 더 깊은 고민을 나누며 내가 멘토로서 진정 아이들에게 주어야할 것이 무엇인지를 파악할 수 있게 되었다. 또 하나 알게 된 것은 아이들이 다문화이기 때문에 겪는 어려움이 없었던 것이 아니라 꼭꼭 숨기고 있었으며 이 점을 내가 알게 되기까지 많은 노력과 이해와 공감이 필요하다는 사실이었다.

이러한 일련의 과정을 거치고 지금은 멘티들의 학업에 대한 흥미도 많이 증가했을 뿐 아니라 보다 의욕적이고 밝은 모습들을 많이 보여주고 있다. 멘토 선생님을 만나고 멘토링 활동을 한다는 것에도 이렇게나 즐거워하는 아이들인데 중학생이 되도록 이러한 역할을 해 줄 사람이 없었다는 것에 안타까운 마음이 들면서 나의 역할에 더욱 책임감을 느꼈다. 나로 인해 아이들은 본인들이 가지고 있던 무한한 잠재력을 꽃을 피우기 시작하고 있다.

다문화멘토링 활동은 나에게 있어 단순한 장학금제도가 아닌 나의 작은 노력이 누군가에게 큰 영향을 끼칠 수 있다는 것을 배운 너무나 값진 경험이었고 성장할 수 있는 시간이었다. 대학생활 중 3년을 참여했던 활동이 졸업으로 인하여 올해가 마지막이다. 너무나 해맑게, "선생님 졸업 안 하시면 안돼요? 계속 멘토링 하고 싶어요."라고 하는 아이들의 말에 진한 감동과 아쉬움을 느꼈다. 아직 남은 기간 동안 더 좋은 추억을 쌓기 위해 노력해야겠다. 아직도 멘토 선생님을 찾지 못해 멘토링 활동에 참여하지 못하는 멘티들이 많다고 한다. 많은 학우 분들이 다문화멘토링을 통하여 장학금도 받고 소중한 경험을 가질 수 있었으면 하는 바람이다.

작은 관심과 꾸준함이 웃음꽃으로 피어나다

하은지

처음 멘토링에 도전했을 때, 나는 어떤 멘토가 되어야 하나 고민이 많았다. 이전에 중·고등학생을 대상으로 멘토링 봉사를 한 경험이 있었다. 그 아이들에게는 멘토링에서 학업능력을 향상시켜 주는 것이 우선이라고 생각했었다. 그러나 다문화멘토링 면접을 통해서 다문화 학생들의 적응의 어려움에 대하여 알게 되었다. '다문화가정 학부모들은 본인의 적응에 힘들어 하셔서 아이들에게 관심을 충분히 못 가져 주는 경우가 많다'고 들었다. 그 점에서 나는 다문화멘토링에서 더 신경 써야 할 것은 아이들의 '감성 그리고 인성적인 면의 교육'이라고 생각하게 되었다.

나는 총 세 명의 멘티를 만났다. 모두 초등학교 2학년이었다. 부모님께서 둘 다 한국어에 능숙하시지만 바쁘셔서 아이에게 충분히 신경써주지 못하는 부모님 두분 다 중국에서 오신 외국인근로자 가정, 어머님께서 주로 육아를 맡으시지만 아이의 학교적응이나 학업을 완전히 돌보기 어려워하시는 베트남과 필리핀에서 오신 다문화가정이었다.

아이들을 처음 만났을 때 아이들은 경직되어 있었다. 모르는 사람과 1대1로 만나서 이야기를 하는 것이 어색하고도 무섭게 느껴졌을 수도 있을 것 같다. 아이들과 간단한 자기소개와 함께 가족에 대한 이야기, 또 하고 싶은 공부와 학교에서의 어려움 등을 물어보았다. 공부를 거부하는 날에는 간단한 그림그리기로 워밍업을 한뒤 학교 진도를 중점으로 공부했다. 미술이 아이들의 마음을 여는데 큰 공을 세우웠다. 더해서 멘티의 담임선생님께서 멘티를 특별히 신경써주시며 기초적인 받아쓰기와 같이 기본적인 학습 진도를 따라갈 수 있도록 신경써주시라는 당부도 받았다.

　나는 멘티가 상당히 많은 편에 속했다. 3명의 멘티에게 '동등한 사랑과 관심'을 주지 못하는 실수를 범할 까 노심초사 하면서 행동해야 했다. 특히 나의 멘티들은 집에서 맏이를 맡은 경우가 많았다. 그래서 동생들이나 다른 아이에게 질투심을 느끼고 자기 자신을 낮게 평가하는 모습을 보인 적이 많다. 멘티들이 어린 나이에 맏이라는 이유로 관심을 덜 받고 책임감을 지게 되어서 힘겨워하는 것이 나의 멘토링 시간에는 없도록 하는 것이 목표였다.

　멘티가 많아서 어려울 것 같지만 마냥 힘든 점만 있는 것이 아니었다. 아이들끼리 서로 모르는 것을 묻고 가르쳐 주면서 그들만의 학습을 하기 때문이다. 같은 또래의 아이들끼리 설명하는 것이 서로에게 공부가 되고 또 그것이 모여서 아이들의 자신감의 원천이 되었다.

　아이들이 성장하는 모습은 정말 하루하루가 다르고 빠르다. 작은 사랑과 관심에 예민하게 반응하고, 또 기대하는 만큼 성장하기도 하였다. 그날의 한 마디의 칭찬이 장기간의 태도변화를 가져왔다. 칭찬은 고래도 춤추게 한다. 칭찬은 아이들에게 더욱 중요하다. 매일의 작은 기대감이 꾸준하였더니, 어느새 습관이 되어서 멘티의 태도를 바꾸어 놓았다.

　다문화 학생들이 밝지 않을 것이라는 편견을 갖고서는 지레 겁을 먹었다. 이 모든 것이 편견이었고 자세한 관심이 없어서였다는 것을 느꼈다. 오히려 내가 '다문화'라는 편견에 조심스러워 하고 거리를 두었던 것 같다. 나의 염려와 달리 막상 아이들은 자신이 다문화가정임을 숨기지 않고 당당히 말하며, 친구를 사귀는 기회로 만들기도 했다. 멘티들이 저학년이라서 그럴 수도 있지만(고학년일수록 자신이 다문화가정이라는 것을 감춘다고 들었다), '자신의 다름을 차이로 여기는 것이 아닌 특별함으로 여기는 모습'이 보기 좋았다.

　이러한 경험 속에서 제일 많이 변화한 것은 '나'다. 과거에는 내가 다문화에 무관심한 것이 문제라고 생각이 들지 않았다. 다문화가정에 대한 이해가 부족한 것은 곧 (의도하지 않아도)차별로 이어진다. 내가 그러하였다. 다문화가정을 색안경을 끼고 바라보고선, 모른 척하고 또 그들이 원하지 않는 동정심을 배려라고 생각했었다. 멘토링을 하면서 아이들과의 유대감이 쌓아졌다. 유대감 속에서 '다문화'라는 것은 멘티를 이해하는 수많은 것들 중 하나일 뿐, 그 사람의 모든 것이 아니다. 멘토링이 아니었으면 깨닫지 못했을 중요한 사실이다.

지금 이 글을 읽고 있는 사람들 모두가 자신이 어떻게 다문화에 대해 색안경을 꼈는지 다시 한 번 생각하고 반성해 보는 시간을 가졌으면 좋겠다. 내가 그러하였듯이 모두가 쉽게 하는 실수다. 은연중에 하는 실수라서 직접 경험하기 전까지 무엇이 잘못되었는지 느끼지 못할 수 있다. 나는 어쩌면 평생 동안 고정관념으로 지낼 수도 있었는데, 멘토링을 통해서 다문화가 다르지 않음을 느꼈다. '다문화'를 있는 그대로 볼 수 있게 해 준 다문화멘토링에 감사를 전한다.

3. 마음을 열고 행복을 찾은 멘티의 성장이야기

김가영
박브니엘
김상길
정세화
이보람
이은정
김희선
이연수
왕정혜
한송이
윤지영
고가을
이경은
김상길
정세화

김가영

멘토링 선생님에게

　선생님 그동안 공부사합하는 을 수 없어 가르쳐주어서 한글도 책도 가르쳐 시계 구구단도 가르쳐 주었습니다. 다를 있게 주었습니다. 법도 다음에도 선생님이 랑 멘토링하고 싶습니다 선생님 사랑해요

1학년 6반 이름 김가영

20□□년 10월 13일 토요일 날씨 ☀ ☁ ☂ ⛄
일어난 시간 9:00	잠드는 시간 7:20

경기대학교

	멘	토	링		선	생	님	이	랑
도	자	기	체	험	에		갔	다	.
도	자	기	를		예	쁘	게		만
들	었	다	.		재	미	있	었	다
즐	거	웠	다	.	선	생	님	이	꽁

또 체험하고 가고싶다.

박브니엘

멘토: 백경희
멘티: 박브니엘

멘토링 후기

선생님과 함께 멘토링을 하면서 탱이밥음, 회화에 대하여 더 알게 되었고, 함께 미드, 외국 영화를 보며 영어를 더 가까이 친숙하게 대할 수 있게끔 되었다. 같이 산책도 하고 하루 일과를 얘기하며 점점 선생님과 더욱 더 친해지고 고민이 있으면 고민상담을 하며 친구들과의 있언 고민이 해소되고 친구들과의 사이가 더 좋아졌다. 선생님과 같이 롯데월드에 갔을때 너무 재미있고 즐거운 시간을 보내고 좋은물과 가니더 좋고 행복했던 시간이였다. 항상 배려해주시고 챙겨주시는 모습에 감사하며 선생님의 많은 좋은 점들을 더 많이 닮고 배우고 싶다. 멘토링을 하면서 다문화 가정에 대한 차별과 편견을 가지고 있는 사람들에 대한 나의 편견과 잘못된 인식을 완전히 없애주셨다. 선생님과 수업을 할때마다 선생님의 미러싱과 멘트를 생각 해주시는 마음이 항상 느껴져 선생님을 만나는 시간이 항상 재미와 웃음으로 가득 찼다. 저를 생각해 주시는 마음을 저희 어머니도 잘 알거에 저희 어머니도 감사한 마음으로, 날 마음에 많이도 뵐껍을 항상 죄송해 하신다. 선생님과 수업을 하면서 영어회화에 대하여 이렇게 더 친숙하게 다가갈지에 대하여 더 잘 알게 되었고 포한 친구 관계에 대하여, 대인 관계에 대하여 이렇게 친해 질지, 문제가 생기면, 고민거리가 생기면 어떻게 풀어 갈지에 대해 더 잘 알게 되었고, 멘티, 멘토를 떠나 좋은 인연을 만난것 같아 멘토링이 끝나도 계속 선생님과 연락하고싶다.

김상길

제목: 안산 세계인의 축제   김상길

선생님이랑 자전거를 타고 '세계인의 축제'를 체험하러 갔다.
자전거를 세워놓고 선생님이랑 전통놀이를 하였다.
전통놀이는 화난얼굴의 쿠션을 올려놓고 가운데를 망치로쳐서
위에 것을 안떨어트리고 내리면 된다.
그리고 전통팔찌를 만들었는데 번갈아가면서 다른모양의 구슬을
끼워 만들었다. 옆에 외국인 아주머니가 많이 도와주셔서
감사했다. 세번째로 석고방향제를 만들었다.
석고반죽과 아로마오일을 틀에 넣어 말렸다.
말린 뒤, 내가 좋아하는 나뭇잎을 그렸다.
이 체험을 하면서 어머니께 나라인 중국 옷도 체험하고
다른 나라의 문화를 체험할 수 있어서 기분이 좋았다.

정세화

이보람

이은정

이연수

2017 년 10 월 22 일 일 요일 날씨 ☀

제목 : 이씨 멘토링 삼총사 모임

우리 이씨 멘토링 삼총사다. 왜냐하면 멘토선생님 성함은 이성정 이고 나는 이연수, 멘토링을 통해 알게된 멘티친구는 다혜 에서 세사람 모두 성이 이씨이기 때문이다. 오늘은 우리 삼총사가 만나는 날이다. 나는 작년에 다문화 멘토링을 통해 좋은 친구를 만나 생겼다. 그친구는 다혜이다. 다혜는 나와 비슷하게 말수가 적어 서먹서먹 했지만 마침내 우리는 공통점을 찾았다. 그것은 바로 보드게임과 영화를 좋아하는것이었다. 그래서 오늘 멘토링시간에 룸카페를 가기로 했다. 룸카페는 보드게임을 빌려주고 방을끌라 그안에서 티비도 볼수있게 만들어 놓은 곳이다. 룸카페에 들어가니 여러가지 보드게임이 있었 지만 내눈에 띄는 것이 있었다. 3가지색 머리띠 였다. 그래서 멘토선생님과 다혜에게 머리띠를 한번 껴보자고 하였다. 우리는 머리띠를 끼고 셀카를 찍었다. 재미있는 보드게임을 하며 간식을 먹었다. 그리고 티비로 미녀와 야수 영화를 보았다. 오늘하루 도 멘토선생님, 다혜 와 예쁜 추억을 만들었다. 앞으로 다문화 멘토링이 조금밖에 남지 않았다. 하지만 다문화 멘토링이 끝나도 우리의 만남이 계속되었으면 좋겠다.

왕정혜

멘토링의 추억과 활동~!

추억은 보라색

(추억) 1번째로 제일기억에 남는 추억은 선생님과 함께 인사동에 가서 돌아다니면서 이것 저것 구경도 하고 자신이 가지고 싶은 물건도 사고 재미있게 수다도 떨며 멘토링 시간중에서 많이 웃고 행복한 날 이였다. 활동 2번째는 선생님과 함께 수학을 풀고 어려운것, 모르는 것을 천천히 풀고 알아가며 가끔 10분씩 쉬는 타임도 1번씩 가지며 여러가지를 배울수 있어서 좋았다. 3번째 활동은 추억도 같이 있다. 난 미술을 좋아하는데 선생님이 수원시립 박물관(미술박물관)에 데려가 주셨다. 난 그곳에서 엉뚱한 것고 재미있는 것과 이해안되는 것고 창의적인 작품들을 보았다. 그리고 체험도 할수 있어서 좋았다. 체험을 할때 직접 그릴수 있는 거과 전같은 길쭉한 것들이 여러게 있는 곳에 영상을 비추어 예술 작품을 만들고 돌아다니면서 영상을 볼수 있었다.

나에게는 이 멘토링이란 시간이 정말 즐겁고 행복한것 같다.

중학교를 가서도 멘토링을 할것 이다!!

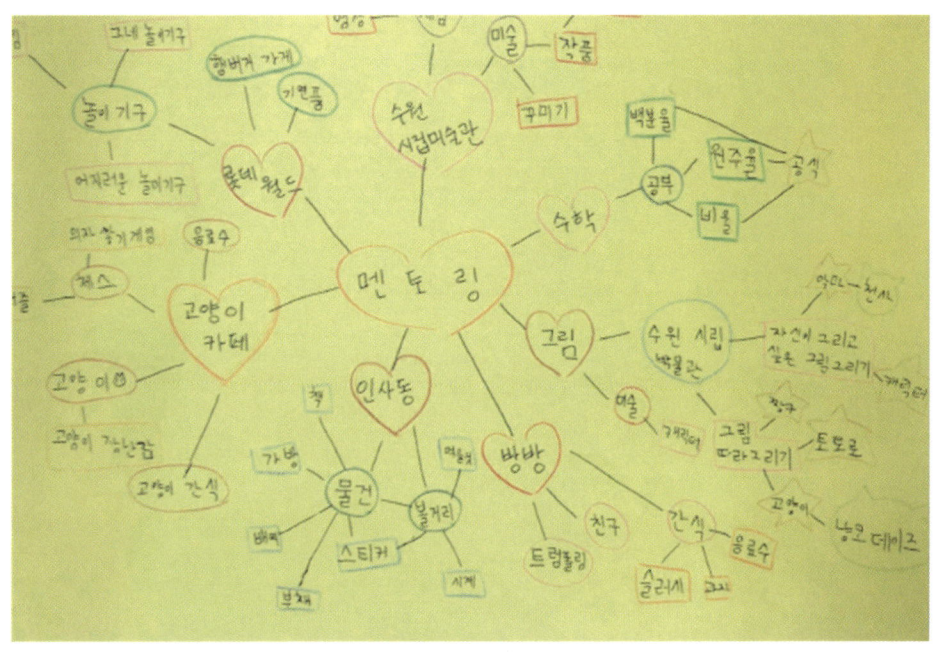

정혜의 멘토링 후기 인터뷰 ♡

① 멘토링 활동 중 가장 기억에 남는 활동은 무엇이며, 그 이유는?

인사동에서 재미있는 시간을 보낸것 입니다. 그 이유는 선생님과 저와 많이 웃고 즐거운 시간이기도 하며 추억도 되고 중요했던 시간이어서 입니다.

② 멘토링을 통해 바뀐점이 있다면 무엇인가요?

수학을 못했는데 몰랐던것도 많이 알게되고 이해하게 쉽게 설명도 해주셔서 많은 도움이 되고 수학을 좀더 잘할수 있게 되었습니다.

③ 정혜에게 멘토링이란, 중요한 시간이 다.

그 이유는 추억을 만들수 있는 꿈시과 여러가지 체험도 할수 있고,

모르는것도 많이 알수있고 행복한 시간 여기때문이다.

한송이

1년 동안 멘토링 하면서 쌤님께서 저를 사랑해주셔서 사랑을 배웠습니다.
선생님께서 배드민턴을 가르쳐주셔서 운동도 배웠습니다.
영어랑 구구단이랑 수학이랑 국어를 배웠습니다 ♥

멘토링하면서 기억에 남는거는 롯데월드에 간것입니다. 왜냐하면 신밧드의 모험을 타서
재미있었고 퍼레이드를 봐서 재밌있습니다♥ 동물원에서 동물먹이를 손으로 무서워서
못줬지만 집게로 줘서 재미있었습니다. 멘토선생님께 제가 가고
싶은 곳에 가게해주셔서 그마웠습니다 그리고 수업시간에는 가끔 다른짓을 해서
죄송하고 많이 받아주셔서 감사하고 사랑해요! ♥
앞으로 내년에는 동물에대해서 더 배우고싶고 수업에 빠지기 않고 갈 하겠습니다
선생님 사랑해요!

Happy christmas!

윤지영

70. 문정 선생님께 ♡

안녕하세요? 저는 선생님을 사랑하는 지영이 개승래요.

선생님 정말 머란 해세요. 어떻게 멘토링을 이렇게 잘 해..

거져해도 포기 하고 꺼멓을것이에요. 항상 응원 있었고 하나 계속 위로 해줬고
생님때 도 선물을 주었어요. 9반이 정말 마지막이라 너무 아쉽고
슬퍼요.

숙제 도와 주셔서 고마워요. 매번 항상 선물 주셔서 고마워요.
같이 체험 학습 가주셔서 고마워요. 모든것이 감사해요. 정말로......

5학년 되면 만나지 못하지만 언젠가는 꼭 만나서 은혜를 꼭 갚고 싶습니다.
사람이 궁금고 선생님을 만나는 시간도 궁금합니다.

♡

2018. 12월 9일

지영 올림.

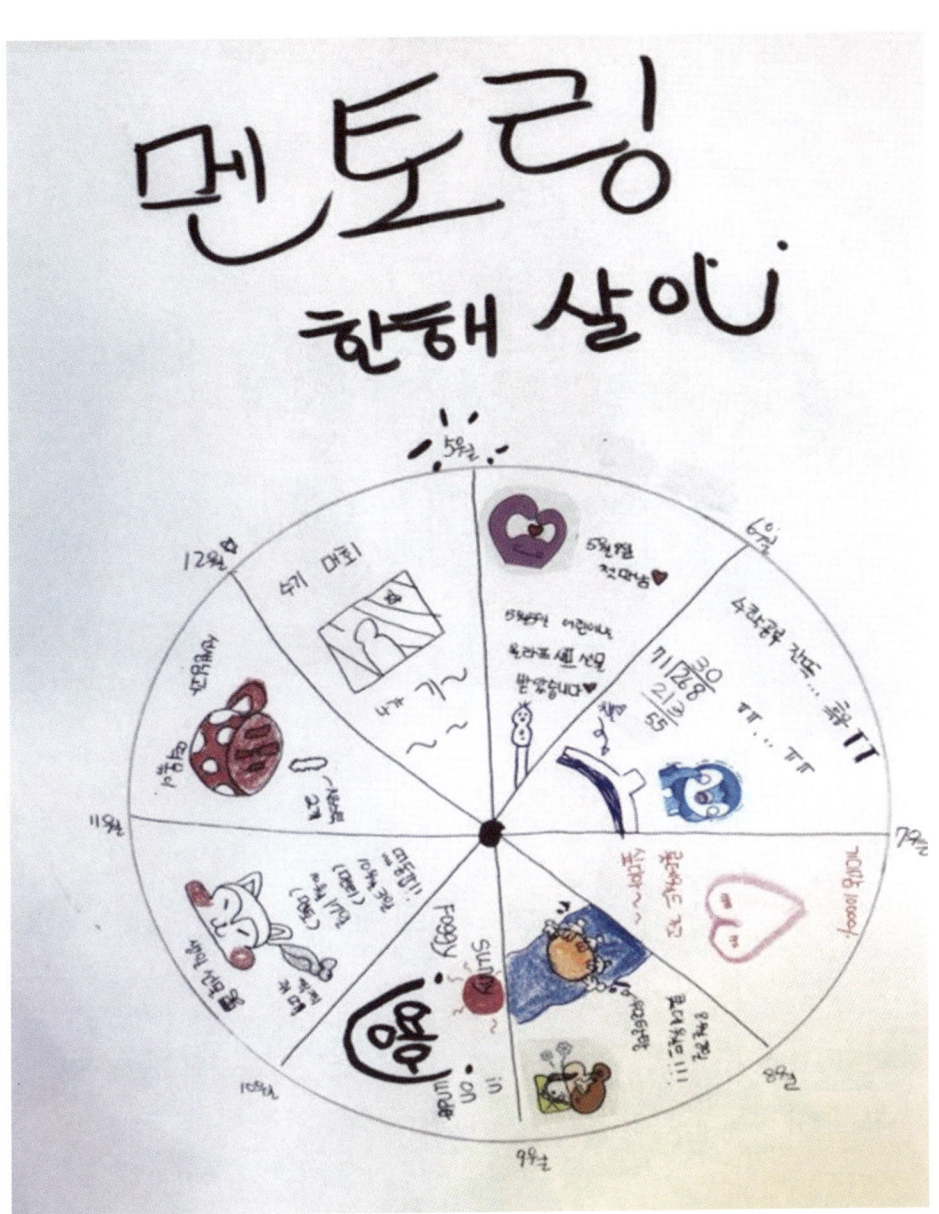

고가을

선생님과 수학공부를 한후 보드 게임과 스티커 만들기 하는것이 재미 있어요.

이경은

김상길

정세화

♥ 오늘은 언니랑 멘토링을 했다. 나랑 언니는 2년 동안 같이 공부했다. 언니랑 멘토링 하면 재미있다. 영어 공부, 수학 공부, 쿠키 만들기, 종이 접기, 그림 그리기, 그리고 보드 게임도 했다. 언니랑 공부 하면서 수학 점수도 올랐다. 언니랑 공부하면 시간이 빨리 지나간다. 언니랑 멘토링을 또 하면 좋겠다. ♥

동반 성장을 향한
다문화멘토링

초판 1쇄 인쇄일 · 2019년 02월 01일
초판 1쇄 발행일 · 2019년 02월 11일

지은이 | 김연권 손녕희
펴낸이 | 노정자
펴낸곳 | 도서출판 고요아침
편 집 | 이광진

출판 등록 2002년 8월 1일 제 1-3094호
03678 서울시 서대문구 증가로 29길 12-27 102호
전화 | 302-3194~5
팩스 | 302-3198
E-mail | goyoachim@hanmail.net
홈페이지 | www.goyoachim.net

ISBN 979-11-88897-90-2(03370)

*책 가격은 뒤표지에 표시되어 있습니다.
*지은이와 협의에 의해 인지는 생략합니다.
*잘못된 책은 교환해 드립니다.